EL EVANGELIO
DE LOS ESENIOS

Libros III y IV

Dr. Edmond Bordeaux Székely

EL EVANGELIO
DE LOS ESENIOS

Libros III y IV

editorial Sirio, s.a. - málaga

Primera edición: Marzo 1992

Traducido del inglés por Alvaro Altés

© 1981 by International Biogenic Society

© de la presente edición
EDITORIAL SIRIO, S.A.
C/. Panaderos, 9
29005 MALAGA

ISBN: 84-7808-045-7
Depósito legal: B. 9.211 - 1992
Printed in Spain - Impreso en España

Impreso en España en los talleres gráficos de Romanyà/Valls, S. A.
Verdaguer, 1 - 08786 Capellades (Barcelona)

LIBRO III

Oh!, que mis palabras
Grabadas quedaran como acero
En la roca para siempre!
Pues sé que mi Creador vive
Y estará hasta el final del tiempo
Sobre la tierra y las estrellas.
Y aunque mi cuerpo será destruido
No obstante veré a Dios.

Salmos de Gratitud

Nos hemos separado orgullosamente de la Naturaleza, y el espíritu de Pan está muerto. Las almas de los hombres están más allá de toda esperanza de unidad, y la espada de los credos formales los separan por doquier. Vivir en armonía con el Universo hizo de la vida una majestuosa ejecución; vivir contra ella era arrastrarse por un callejón sin salida. Sin embargo, aun ahora, de nuevo resuenan por el mundo murmullos de cambio en la faz de la tierra. Como otro inmenso sueño que comienza, la conciencia del hombre lentamente se despliega de nuevo. Una voz remota divinamente resuena por todo nuestro pequeño globo. A esa voz, dedico este libro.

Edmond Bordeaux Szekely

PREFACIO

Este tercer libro del Evangelio Esenio de la Paz es una colección de textos de gran valor espiritual, literario, filosófico y práctico, creados por dos corrientes de tradiciones poderosas y entrelazadas. Cronológicamente, la primera es la corriente de tradiciones a las que fue expuesto el pueblo hebreo en la prisión en Babilonia, remontándose desde las Epicas de Gilgamesh al Zend Avesta de Zaratustra. La segunda es la corriente de tradiciones que fluyen con poética majestad a través del Antiguo y del Nuevo Testamento, y que datan desde Enoch y otros Patriarcas, a través de los Profetas, hasta la misteriosa Hermandad Esenia.

En una biblioteca enterrada de la Hermandad Esenia en el Mar Muerto, en la que se encontró el mayor número de rollos, los textos de estas dos corrientes de tradiciones estaban entrelazadas. Siguen la una a la otra en extraña sucesión: la poderosa sencillez cubista de las primeras yuxtapuesta a la majestuosa poesía expresionista de las segundas.

Los textos originales de esta colección pueden ser clasificados en tres grupos aproximadamente: cerca del setenta por ciento de ellos son completamente diferentes de los Antiguos Libros Sagrados de los Avestas y del Antiguo y el Nuevo Testamento, el veintitrés por ciento son similares, y el diez por ciento idénticos.

Mi deseo al presentar esta colección fue el de abstenerme de interpretaciones filológicas y exegéticas, y en su lugar concentrarme en sus valores espirituales y poéticos, más atractivos para el hombre del siglo veinte. Traté de seguir el estilo de mi traducción francesa del Libro Primero del Evangelio Esenio de la Paz, que ha sido publicado en diecisiete idiomas, y ha sido distribuido en más de 200.000 copias.

Espero que este libro Tres tenga tanto éxito como el Libro Uno, y así continuar aportando las eternas inspiraciones a nuestro desorientado siglo, para guiarnos, per secula seculorum, hacia una luz más y más refulgente.

Edmond Bordeaux Székely

INTRODUCCION

Desde épocas remotas de la antigüedad ha existido una extraordinaria enseñanza que es universal en su aplicación y eterna en su sabiduría. Fragmentos de ella se encuentran en jeroglíficos sumerios que se remontan de ocho a diez mil años. Algunos símbolos representativos del sol, la luna, el aire y el agua y las demás fuerzas naturales, son de una época aún más primitiva, anterior al cataclismo que terminó el período pleistoceno. Se desconoce cuántos miles de años antes de este período existía la enseñanza.

Estudiar y practicar esta enseñanza es reactivar en todos los hombres un conocimiento intuitivo que puede resolver sus problemas individuales y los problemas del mundo.

Vestigios de la enseñanza han aparecido en casi todos los países y religiones. Sus principios fundamentales fueron enseñados en Persia, Egipto, India, Tíbet, Palestina, Grecia y en muchos otros países. Pero ha sido transmitida en su forma más pura por los esenios, esa misteriosa hermandad que vivió durante los últimos dos o tres siglos antes de Cristo y el siglo primero de la era cristiana en el Mar Muerto en Palestina y en el Lago Mareotis en Egipto. En Palestina y en Siria los miembros de la hermandad fueron conocidos como esenios y en Egipto como "therapeute", curadores.

La parte esotérica de su enseñanza está dada en el Arbol de la Vida, las Comuniones Esenias con los Angeles, y en la Séptuple Paz, entre otros. La parte exotérica o exterior aparece en el Libro Uno de "El Evangelio Esenio de la Paz" y los recientemente descubiertos Rollos del Mar Muerto.

Pero cualquiera que sea su origen, cierto es que los esenios existieron durante mucho tiempo como una hermandad, quizá bajo otros nombres en otros lugares.

La enseñanza aparece en el "Zend Avesta" de Zaratustra, que la tradujo en una forma de vida que fue seguida durante miles de años. Contiene los conceptos fundamentales del brahmanismo, de los Vedas y de los Upanishads; y los sistemas Yoga brotaron de la misma fuente. Buda posteriormente predicó esencialmente las mismas ideas básicas y su sagrado Arbol de Bodhi está correlacionado con el Arbol Esenio de la Vida. En el Tíbet la enseñanza una vez más encontró expresión en la Rueda Tibetana de la Vida.

Los pitagóricos y los estoicos en la Grecia antigua también siguieron los principios esenios y mucho de su forma de vida. La misma enseñanza fue un elemento de la cultura adónica de los fenicios, de la Escuela de Filosofía de Alejandría en Egipto, y contribuyó en gran medida a muchas ramas de la cultura occidental, Francmasonería, el Gnosticismo, la Kábala y la Cristiandad. Jesús la interpretó en su forma más sublime y bella en las siete bienaventuranzas del Sermón de la Montaña.

Los esenios vivían en las costas de los lagos y los ríos, y practicaban una forma comunal de vida, compartiendo todo por igual. Fueron principalmente agricultores y arboculturistas, que tenían un vasto conocimiento de los cultivos, del suelo, de las condiciones climatológicas que les permitió cultivar una extraordinaria variedad de frutas y legumbres en áreas relativamente desiertas y con un mínimo de trabajo.

No tenían servidores ni esclavos y se dice que fueron los primeros en condenar la esclavitud tanto en teoría como en la práctica. No había ni ricos ni pobres entre ellos, pues consideraban ambas condiciones como desviaciones de la Ley. Establecieron su propio sistema económico, basado completamente en la Ley, y demostraron que todas las necesidades del hombre de alimentos y materiales pueden ser cubiertas sin esfuerzo, y por medio del conocimiento de la Ley.

Pasaban mucho tiempo tanto en el estudio de escritos antiguos como en ramas especiales del saber, tales como la educación, la medicina y la astronomía. Se dice que fueron los herederos de la astronomía caldea y persa y de las artes curativas egipcias. Eran adeptos en profecías para las que se preparaban con ayunos prolongados. Eran igualmente expertos en el uso de las plantas y hierbas para curar tanto hombres como animales.

Llevaban una vida sencilla y regular, levantándose cada día antes de la salida del sol para estudiar y comulgar con las fuerzas de la naturaleza, bañándose en agua fría como un rito, y usaban vestiduras blancas. Después de su trabajo diario en los campos y viñedos compartían sus comidas en silencio, precediéndoles y terminándolas con plegarias. En su profundo respeto por las cosas vivientes nunca tocaban alimentos de carne, ni bebían bebidas fermentadas. Sus noches eran dedicadas al estudio y a la comunión con las fuerzas celestiales.

La noche era el comienzo de su día, y el Sabat, o día santo, comenzaba el viernes por la noche, el primer día de su semana. El día estaba consagrado al estudio, a la discusión, a la atención de los visitantes y a tocar ciertos instrumentos musicales, de los que se han descubierto algunas réplicas.

Su forma de vida les permitía vivir hasta edades avanzadas de 120 años y más y se decía que poseían una fortaleza y resistencia extraordinarias.

Enviaban curadores y maestros de las hermandades entre los que estuvieron Elías, Juan el Bautista, Juan el Discípulo Amado y el Gran Maestro Jesús.

La membresía de la hermandad se obtenía después de un período de prueba de uno a tres años de trabajo iniciatorio, seguidos por siete años antes de ser admitido a la plenitud de la enseñanza interior.

Registros de la forma esenia de vida nos han llegado por los escritos de sus contemporáneos. Plinio el naturalista romano, Filo el filósofo de Alejandría, Josefo el historiador judío, Solanius y otros, hablaban de ellos como "una raza por sí misma, más extraordinaria que cualquiera otra en el mundo, "los más antiguos de los iniciados, que recibieron sus enseñanzas del Asia Central", enseñanza perpetuada a través de un inmenso lapso de años, "santidad constante e inalterable".

Una parte de la enseñanza externa está preservada en texto arameo en el Vaticano en Roma. Un texto eslavo fue encontrado en posesión de los Hapsburgos en Austria y del que se dijo que había sido traído desde el Asia en el siglo tercero por los padres nestorianos que huían de las hordas de Genghis Khan.

Ecos de la enseñanza existen hoy en muchas formas, en ciertos ritos de la Orden Masónica, en el símbolo del candelabro de siete brazos, en el saludo "La Paz sea Contigo", usado desde la época de Moisés, y hasta los siete días de la semana, que hace mucho tiempo perdieron su significación espiritual original.

Por su antigüedad, su persistencia a través de las edades, es evidente que la enseñanza no puede haber sido la concepción de cualquier individuo o pueblo, sino que es la interpretación por una sucesión de Grandes Maestros, de la Ley del universo, la Ley básica, eterna e invariable como las estrellas en su curso, la misma ahora que hace dos o diez mil años, y tan actual hoy como entonces.

La enseñanza explica la Ley, muestra cómo las desviaciones del hombre de ella son la causa de todos sus problemas, y da el método por el que puede encontrar la salida en su dilema.

LA SEPTUPLE PROMESA

Quiero y haré cuanto esté a mi alcance
para vivir como el Arbol de la Vida,
plantado por los Grandes Maestros
de la Hermandad,
con mi Padre Celestial,
que plantó el Eterno Huerto del Universo
y me dio el espíritu;
por mi Madre Terrenal
que plantó el Gran Huerto de la Tierra
y me dio el cuerpo;
con mis hermanos
que trabajan en el Huerto de la Hermandad.

Quiero y haré cuanto esté a mi alcance
por cumplir mis Comuniones matinales
con los Angeles de la Madre Terrenal,
y las vespertinas
con los Angeles del Padre Celestial,
según lo establecido por
los Grandes Maestros de la Hermandad.

Quiero y haré cuanto esté a mi alcance
por seguir el sendero de la Séptuple Paz.
Quiero y haré cuanto esté a mi alcance
por perfeccionar mi cuerpo que actúa,
mi cuerpo que siente,
y mi cuerpo que piensa,

según las Enseñanzas
de los Grandes Maestros de la Hermandad.
Siempre y dondequiera obedeceré reverente
a mi Maestro,
que me da la luz
de los Grandes Maestros de Siempre.

Someteréme a mi Maestro
y aceptaré su decisión
sobre diferencias o querellas que tuviere
contra mis hermanos
que trabajan en el Huerto de la Hermandad;
y nunca llevaré querella alguna
con mi hermano
al mundo exterior.

Siempre y dondequiera mantendré secretas
las tradiciones de la Hermandad
que me dirá el Maestro;
y nunca revelaré a nadie estos secretos
sin permiso del Maestro.
No reclamaré como propio
el conocimiento recibido del Maestro,
y daréle siempre crédito
por tal conocimiento.

No usaré el conocimiento y el poder ganados
por la iniciación del Maestro
con propósitos materiales o egoístas.

Entro al Huerto Eterno e Infinito
con reverencia al Padre Celestial
a la Madre Terrenal, y
a los Grandes Maestros,
y con reverencia a la Sagrada
pura y Salvadora Enseñanza,
y con Reverencia a la Hermandad de los Electos.

LA ADORACION ESENIA

PROLOGO

Cuando Dios vio que perecería su pueblo
porque no vieron la Luz de la Vida,
escogió a los mejores de Israel,
para que hicieran la Luz de la Vida
brillar ante los hijos de los hombres,
y los escogidos llamáronse Esenios,
porque enseñaban al ignorante
y curaban los enfermos,
y reuníanse la víspera del Séptimo Día
en regocijo con los Angeles.

ADORACION

Mayor: Madre Terrenal, dános Alimento de
Vida.
Hermanos: Comeremos Alimento de Vida.
Mayor: Angel del Sol, dános Fuego de Vida.
Hermanos: Perpetuaremos el Fuego de Vida.
Mayor: Angel del Agua, dános Agua de Vida.
Hermanos: Nos bañaremos en el Agua de Vida.
Mayor: Angel del Aire, dános Aliento de Vida.
Hermanos: Aspiraremos el Aire de la Vida.
Mayor: Padre Celestial, dános tu Poder.
Hermanos: Construiremos el Reino de Dios con
el Padre Celestial.
Mayor: Padre Celestial, dános tu Amor.
Hermanos: Nuestros corazones llenaremos con El
Amor del Padre Celestial.
Mayor: Padre Celestial, dános tu Sabiduría.
Hermanos: Seguiremos la Sabiduría del Padre
Celestial.
Mayor: Padre Celestial, dános Vida Eterna.
Hermanos: Viviremos con el Arbol de la Vida
Eterna.
Mayor: La paz sea con vosotros.
Hermanos: La paz sea contigo.

EL ANGEL DEL SOL

¡Arriba! ¡Asciende y gira!
¡Tú, inmortal, brillante,
alígero Angel del Sol!
¡Sobre las Montañas!
¡Proyecta tu Luz sobre el Mundo!

Angel del Sol, eres Fuente de Luz.
Penetra las tinieblas.
Abre del horizonte los portales.
El Angel del Sol lejos de la tierra mora
mas sus rayos con calor y vida nuestros días llena.
El carro de la mañana trae la luz
del sol naciente
y alegra los corazones de los hombres.
El Angel del Sol ilumina el sendero
con rayos de esplendor.
¡Angel del Sol!
¡Sobre mí lanza tus rayos!
¡Que me alcancen, que me penetren!
Me entrego a ti y a tu abrazo,
bendecido por el Fuego de la Vida.
Torrente ígneo de alegría sagrada
que de ti hacia mí fluye.
Avanzo hacia ti, ¡Angel del Sol!
cual hombre alguno mirar al sol
con su vista puede,
así hombre alguno mirar a Dios de frente puede,
no sea consumido por las llamas
que al Arbol de la Vida guardan.
Estudia, entonces, la Sagrada Ley:
Pues el rostro del sol y el rostro de Dios
pueden ser vistos tan sólo

por quien en su interior guarda
la Revelación de la Ley.
¿Crees tú que la muerte es el final?
Insensatos pensamientos como los de un niño
que mira el cielo oscuro y la lluvia que se abate,
y grita que no hay sol.
¿Quieres ser fuerte con la Ley?
Sé, entonces, como el sol a mediodía,
que luz y calor da para los hombres,
y libre y abundante da su áurea gloria.
Entonces la Fuente de Luz revertirá hacia ti,
pues el sol nunca de luz carece,
pues fluye libremente, sin barreras,
y cuando el sol asciende,
entonces la tierra, hecha por el Creador,
se purifica,
purifícanse las corrientes aguas,
purifícanse las aguas de los pozos,
purifícanse las aguas de los mares,
purifícanse las Sagradas Escrituras.
Es por el brillo y la gloria
que nace el hombre que bien escucha
las Palabras Sagradas de la Ley,
a quien la Sabiduría ama.
Por su brillo y por su gloria
cumple el sol su camino,
por su brillo y por su gloria
cumple la Luna su camino,
por su brillo y por su gloria
cumplen las Estrellas su camino.
Hasta el inmortal, brillante, alígero sol
llegue una invocación con sacrificios y plegarias.
Cuando la luz del sol se abrillanta,
cuando el brillo del sol es más caliente,
entonces las fuerzas celestiales se levantan,
a derramar su gloria sobre la tierra,
hecha por el Padre Celestial

para ascenso de los Hijos de la Luz,
para ascenso del inmortal,
brillante, alígero sol.
Quien ofrece un sacrificio
ante el inmortal, brillante, alígero sol.
Sacrificaré ante la amistad,
la mejor de todas,
el Reino entre el Angel del Sol
y los Hijos de la Madre Terrenal.
Bendigo la Gloria y la Luz,
la Fortaleza y el Vigor,
del inmortal, brillante, alígero Angel del Sol.

EL ANGEL DEL AGUA

Desde el Mar Celestial
las aguas corren y fluyen
desde fuentes inagotables

Al desierto árido y estéril
al Angel del Agua trajeron los Hermanos
para crear un huerto y su verdura,
de árboles lleno y de fragantes flores.
Entrégate al abrazo
del Angel del Agua,
pues expulsará de Ti
todo cuanto es impuro y malo.
Que mi amor fluya hacia Ti, Padre Celestial,
como corren los ríos al mar.
Y que Tu amor fluya, Padre Celestial,
como la dulce lluvia besa la tierra.
Como un río en el bosque
es la Sagrada Ley.
Las criaturas en ella confían,
y a ningún ser rehúsa cosa alguna.
La Ley es para el mundo de los hombres
lo que un río es para arroyos y quebradas.
Como ríos de agua en áridos lugares
son los Hermanos que la Sagrada Ley traen
al mundo de los hombres.
En el agua ahogarte puedes
y puedes en el agua apagar tu sed.
Así la Sagrada Ley es espada de dos filos:
por la Ley puedes destruirte,
y por la Ley a Dios ver puedes.
¡Padre Celestial!
De Tu Mar Celestial fluyen las aguas

que sobre los siete Reinos se derraman.
Tu Mar Celestial
continúa llevando sus aguas
en verano, invierno y todas las estaciones.
Tu Mar purifica la esperma en los machos
y el vientre de las hembras,
la leche del pecho de las hembras.
El Mar Celestial fluye ilimitado
hasta los abultados campos de maíz,
hasta las modestas praderas
y hasta el Mundo Terrenal entero.
Mil puros manantiales a las praderas corren
que alimento dan a los Hijos de la Luz.
Si alguien sacrifica ante Ti,
Oh, tú, sagrado Angel del Agua,
le das tu esplendor y gloria,
un cuerpo saludable y vigoroso.
Le das tú larga vida perdurable,
y el Mar Celestial, allende.
Adoramos las sagradas aguas
que apagan la sed de la tierra,
las aguas sagradas que el Creador ha hecho,
y las plantas todas que el Creador ha hecho,
pues todas son sagradas.
Adoramos el Agua de la Vida,
y las aguas sobre la tierra,
estancadas, corrientes o las aguas de los pozos,
o de manantiales que perennemente fluyen,
o las benditas gotas de la lluvia.
Sacrificamos ante las aguas buenas, santas
que la Ley ha creado.
Que ruja el mar, y las aguas todas,
el mundo, y quienes en él moran.
Que batan palmas los torrentes
y se alegren las colinas en conjunto.
La voz del Señor está sobre las aguas:
el Dios de la Gloria atruena.

¡Padre Celestial! Y tú, ¡Angel del Agua!
Os damos gracias, y vuestros nombres bendecimos.
Un torrente de amor se precipita
de recónditos sitios subterráneos:
la Hermandad es por siempre bendecida
por el Agua Sagrada de la Vida.

EL ANGEL DEL AIRE

Adoramos el Sagrado Aliento
que colocado está más alto
de todo cuanto ha sido creado,
y adoramos
la Sabiduría verdadera.

En medio del frescor del aire de los campos,
encontraréis el Angel del Aire.
Pacientemente espera
que dejéis las húmedas
y atestadas ciudades.
Buscadle, entonces, y bebed profundamente
el brebaje sanador que os ofrece.
Respirad larga y profundamente,
para que el Angel del Aire os penetre.
Pues el ritmo de vuestra respiración,
es la clave del conocimiento
que la Sagrada Ley revela.
El Angel del Aire
remóntase en sus alas invisibles:
mas su invisible sendero transitar debes
si hubiereis de ver de Dios el rostro.
Más dulce que el más fino néctar
de dulcísima granada
es la fragancia de los vientos
en el bosque de cipreses.
Más dulce aún el aroma de los puros,
que la Ley Sagrada enseñan reverentes.
Sagrado es el Angel del Aire,
que lo impuro purifica
y dulce olor da a las cosas malolientes.
Venid, venid vosotras, nubes.

Descended sobre la tierra,
en millones de gotas,
por su brillo y su gloria soplan los vientos,
acarreando consigo las nubes
hacia las fuentes inagotables.
Elévanse sobre valles y montañas
seguidas por el viento en el sendero de la Ley
que aumenta el Reino de la Luz.
El Padre Celestial en su poder hizo la tierra,
y en su sabiduría estableció el mundo,
y en su voluntad extendió los cielos.
Cuando su voz clamó,
hubo multitud de aguas en los cielos,
e hizo que ascendieran los vapores
de los confines de la tierra;
hizo centellas con la lluvia,
y los vientos extrajo de su aliento.
Como sitio de reunión el mar es para las aguas,
que se elevan y descienden,
hacia lo alto o hacia la tierra,
y de nuevo hacia lo alto:
¡Así asciende y gira!
Tú, para cuyo ascenso y crecimiento
el Padre Celestial
hizo el espacio eterno, soberano y luminoso.
Hombre alguno ante el rostro de Dios venir puede
a quien el Angel del Aire impida el paso.
Tu cuerpo respira el aire de la Madre Terrenal,
y tu espíritu respirar debe la Sagrada Ley
del Padre Celestial.

EL ANGEL DE LA TIERRA

¡Invocamos la abundante Tierra!
Que salud y Felicidad posee
y es más poderosa
que sus Criaturas todas.

La anchurosa tierra alabamos,
con senderos lejanos dilatada,
productora, abundante,
Tú, Madre, sagrada planta.
Alabamos las tierras donde creces,
con dulce aroma, velozmente esparcido,
cultivo bueno de la Madre Terrenal.
Alabamos al bueno, fuerte y benéfico
Angel de la Tierra,
que en el rocío del cielo regocíjase,
la fecundidad de la tierra,
y la cosecha abundante de mieses y de uva.
Alabamos las altas montañas,
ricas de praderas y de aguas,
que por muchos arroyos y ríos corren.
Alabamos las sagradas plantas
del Angel de la Tierra,
que del suelo crecen,
y a hombres y animales alimentan,
y alimentan a los Hijos de la Luz.
Poderosa Preservadora es la tierra,
Sagrada Preservadora, Mantenedora.
Alabamos la fortaleza y el vigor
de la poderosa Preservadora, la Tierra,
creada por el Padre Celestial.
Alabamos los cuidadores de la tierra,
que conocen los secretos de hierbas y plantas:

33

A ellos el Angel de la Tierra
reveló su antiguo conocimiento.
El Señor creó medicinas de la tierra,
y quien sea sabio las usará.
¿No fue el agua endulzada con madero
para que su virtud pudiera conocerse?
Y destreza dio a ciertos hermanos,
que la Ley honrada y cumplida fuese.
Con ellas curan a los hombres,
y calman sus dolores,
y no hay final para sus obras;
y por ellos hay paz en la tierra.
Mas haced lugar a los sanadores y honradles,
pues el Padre Celestial les ha creado;
no permitáis que se alejen, pues necesitáis de ellos.
Alabamos a los labradores del campo,
que juntos trabajan en el Huerto de la Hermandad,
en los campos que el Señor bendijo:
a quien la tierra cultivare,
con su brazo izquierdo y derecho,
le dará abundancia de frutos,
y verdes plantas saludables y áureo grano.
Dulzura y abundancia fluirán de la tierra
y de esos campos,
con salud y curaciones,
fertilidad, aumento y abundancia.
Quien siembra mieses, hierbas y frutos
siembra la Sagrada Ley:
Hace progresar la Ley del Creador.
Cuando la tierra entera un huerto sea,
el mundo corporal será, entonces, libre
de vejez y muerte, de corrupción y podredumbre,
por siempre jamás.
Misericordia y verdad estarán entonces juntas,
la justicia y la paz se besarán,
y manará la verdad desde la tierra,
y la gloria albergará en nuestro suelo.

EL ANGEL DE LA VIDA

No seas ingrato con tu Creador,
pues El te dio la Vida.

No busquéis la Ley en las escrituras,
pues la Ley es la Vida,
y las escrituras tan sólo son palabras.
Moisés no recibió las leyes de Dios por escrito,
sino por la palabra viviente.
La Ley es la palabra viviente del Dios viviente
a los profetas vivientes para los hombres vivientes.
En todo cuan es la Vida está la Ley escrita.
Se encuentra en las hierbas y en los árboles,
en los ríos, las montañas, las aves del cielo,
en las criaturas del bosque, y los peces del mar;
mas sobre todo se encuentra en vosotros mismos.
Toda cosa viviente está más cerca de Dios
que las escrituras que son sin Vida.
Dios hizo así la vida y las cosas vivientes
para que pudieran por la sempiterna palabra
enseñar las leyes del Padre Celestial
y de la Madre Terrenal
a los hijos de los hombres.
Dios no escribió las leyes en las páginas de libros,
sino en vuestro corazón y en vuestro espíritu.
Está en vuestro aliento, vuestra sangre,
vuestros huesos;
en vuestra carne, vuestros ojos, vuestros oídos,
y en toda parte de vuestro cuerpo.
Está presente en el aire, en el agua,
en la tierra, en las plantas, en los rayos del sol,
en las profundidades y en las alturas.
Todas os hablan

para que comprendáis el lenguaje y la voluntad
del Dios viviente.
Las escrituras obra son del hombre,
mas la vida y sus huestes obra son de Dios.
Primero, ¡Oh Gran Creador!,
creaste los Poderes Celestiales
y revelaste las Leyes Celestiales.
Nos diste entendimiento
de tu propia mente,
y nuestra vida corporal hiciste.
Agradecidos estamos, Padre Celestial,
por tus múltiples presentes de vida:
por las cosas preciosas del cielo, por el rocío,
por los frutos preciosos productos del sol,
por las cosas preciosas productos de la luna,
por las grandes cosas de antiguas montañas,
por las cosas preciosas de colinas perdurables,
y por las cosas preciosas de la tierra.
Agradecidos estamos, Padre Celestial,
por el vigor de la salud, la salud del cuerpo,
sabio, de claros y brillantes ojos, rápido de pies,
de oídos alerta, la fuerza de los brazos
y la mirada del águila.
Por los múltiples presentes de vida.
Adoramos el Fuego de Vida,
el bueno y cordial,
el fuego de la Vida.
El más benéfico y más útil,
el Fuego de la Vida.
El más firme y generoso,
el Fuego que es la Casa del Señor.
Contemplad ahora a los Hijos de la Luz
que comulgan con el Angel de la Vida:
Oh, la fortaleza está en sus ijares,
y las fuerzas en los músculos del pecho.
Las piernas son fuertes como un cedro:
los nervios de sus muslos poderosos.

Sus huesos son cual ínfulas de bronce,
sus piernas férreas barras.
Come de la mesa de la Madre Terrenal,
las hierbas del campo y las aguas del arroyo
le nutren;
las montañas le dan alimento.
Benditas sean su fuerza y su belleza,
pues sirve a la Ley.
Santuario del Sagrado Espíritu
es el cuerpo en el que el Fuego de la Vida
arde con eterna Luz.
Gracias te damos, Padre Celestial,
por habernos puesto
en la fuente de fluyentes manantiales,
fuente viva en tierra de sequía,
que riega un eterno jardín de maravillas:
el Arbol de la Vida, misterio de misterios,
con sempiternas ramas de plantío eterno
penetran sus raíces en el río de la Vida
desde eterna fuente.

EL ANGEL DE LA ALEGRIA

Los cielos sonríen, festeja la tierra,
las estrellas matinales entonan canciones
y los Hijos de la Luz en Gozo prorrumpen.

Oh, canta al Padre Celestial un nuevo canto:
canta a la Madre Terrenal, la tierra entera.
Regocíjense los cielos y alégrese la tierra,
que ruja el mar, y la plenitud de la Vida Eterna.
Sean gozosos los campos y cuanto en ellos hay:
Entonces los árboles del bosque
regocíjanse ante la Sagrada Ley.
Cantad al Padre Celestial,
vosotros, cielos de los cielos,
y vosotras aguas allende los cielos,
las montañas y colinas,
vientos tormentosos que cumplen su palabra,
los fructíferos árboles, los cedros,
las bestias y el ganado,
las cosas que se arrastran y las aves voladoras,
reyes de la tierra y de los pueblos,
príncipes y jueces de la tierra:
jóvenes y doncellas, los ancianos y los niños,
que Gozosos canten ante el Padre Celestial.
Canta ante el Señor con el arpa la palabra de un
salmo,
con trompetas y caramillos.
Haced alegre ruido ante los Angeles.
Que los torrentes batan palmas:
Alégrense las colinas ante el Señor unidas.
Haced alegre ruido ante el Señor, oh tierras.
Servid al Padre Celestial y a la Madre Terrenal
con alegría y con gozo:

venid a su presencia cantando.
El espíritu de la Sagrada Ley sobre mí está,
porque los Mayores me han ungido
para llevar las buenas nuevas a los mansos.
Me enviaron a consolar a los angustiados,
a proclamar la libertad de los cautivos,
y la apertura de la prisión que les retiene;
a consolar a los que lloran,
para enviarles al Angel de la Alegría,
darles belleza en lugar de cenizas,
óleo de alegría en lugar de lamentos.
Vestiduras de luz, en lugar de tristeza;
pues el llanto puede durar sólo una noche,
mas el gozo viene en la mañana;
quienes caminaban en tinieblas,
verán una gran luz,
y quienes habitan a la sombra de la muerte,
sobre ellos brillará la luz de la Sagrada Ley.
Precipitaos, oh cielos, desde lo alto,
y que el cielo felicidad derrame.
Que los tristes gozosos sean,
y plenos de paz:
que montañas y colinas
prorrumpan sus cantos ante ellos,
y compartan la celebración sagrada
y coman del fruto del Arbol de la Vida,
que se yergue en el Mar Eterno.
El sol ya no les alumbrará de día,
ni el brillo
de su luz la luna habrá de darles:
la Ley les será perdurable Luz,
y el Padre Celestial y la Madre Terrenal
serán su eterna gloria.
El sol ya no más descenderá,
ni la luna se ocultará:
pues la Ley será su perdurable Luz.
Los días de lamentos terminarán.

Mi gozo será mayor en la Sagrada Ley,
mi alma se alegrará en los Angeles;
pues me han cubierto con ropajes de luz,
y me han cubierto con mantos de gozo.
Como la tierra procrea un capullo,
y en el huerto las semillas brotan,
así el Padre Celestial hará la Sagrada Ley
brotar con gozo y alegría
ante los Hijos de la Luz.
En el Huerto de la Hermandad
la tierra brilla con santidad y alegría abundantes,
pues en él sembradas están
las semillas de la Sagrada Ley.
La Ley es el mejor de los bienes
para los Hijos de la Luz:
les da brillo y gloria,
salud y fortaleza de cuerpo,
larga vida en comunión con los Angeles,
y eterna y perdurable Alegría.
Cantaremos ante el Padre Celestial,
y ante la Madre Terrenal,
y ante los Angeles todos,
mientras vivamos en el Huerto de la Hermandad
alabaremos la Sagrada Ley
por siempre jamás.

LA MADRE TERRENAL

Honra a tu Madre Terrenal
para que tus días sean muchos sobre la tierra.

La Madre Terrenal está en ti, y tú en ella.
Ella te parió; te dio la vida.
Fue ella quien te dio el cuerpo,
y a ella lo regresarás un día.
Feliz tú cuando la conozcas,
y a su Reino.
Si recibes a los Angeles de tu Madre
y cumples sus leyes,
no verás enfermedad alguna.
Pues el poder de nuestra Madre está sobre todo.
Reina en los cuerpos de los hombres
y en toda cosa viviente.
La sangre que en nosotros fluye
nació de la sangre de nuestra Madre Terrenal.
Su sangre cae de las nubes,
salta del vientre de la tierra,
murmura en los arroyos de los montes,
fluye anchurosa en los ríos de los llanos,
duerme en los lagos,
brama poderosa en los mares tempestuosos.
El aire que respiramos
nace del aliento de nuestra Madre Terrenal.
Su aliento es azur en lo alto de los cielos,
susurra en la cima de los montes,
murmura en las hojas de los bosques,
undula en los trigales,
dormita en lo profundo de los valles,
arde en los desiertos.
La dureza de los huesos

41

nace de los huesos de nuestra Madre Terrenal,
de las rocas y las piedras
que, desnudas a los cielos, se levantan
en las cimas de los montes,
cual gigantes que dormitan;
en las faldas de los montes que,
como ídolos colocados en el desierto,
se esconden en lo profundo de la tierra.
La ternura de la carne
nace de la carne de la Madre Celestial,
que amarillea y enrojece
en los frutos de los árboles,
nos nutre en los surcos de los campos.
La luz de nuestros ojos,
la audición de los oídos,
nacen ambas de los colores y sonidos
de la Madre Terrenal;
que nos circunda
como al pez las olas del mar
o el aire remolinante al pájaro.
El hombre es el Hijo de la Madre Terrenal,
y de ella el Hijo del Hombre
recibió su cuerpo entero,
así como el cuerpo del recién nacido
nace del vientre de su madre.
Eres uno con la Madre Terrenal;
Ella está en ti y tú en ella.
De ella naciste, en ella vives
y a ella volverás.
Guarda, por tanto, sus leyes,
pues nadie puede vivir mucho ni ser feliz,
sino quien honra a la Madre Terrenal
y cumple sus leyes.
Pues tu aliento es su aliento,
Tu sangre su sangre,
tus huesos son sus huesos,
tu carne su carne,

tus ojos y oídos
son sus ojos y oídos.
¡La Madre Terrenal!
Siempre nos abraza,
siempre rodeados estamos por su belleza,
de ella nunca podemos separarnos;
no podremos conocer sus reconditeces.
Siempre crea nuevas formas:
cuanto ahora existe antes nunca fue.
Cuanto existió ya no regresa.
En su Reino todo es nuevo, siempre antiguo.
En su seno vivimos, mas no la conocemos.
Nos habla de continuo,
mas nunca traiciona sus secretos.
Siempre el suelo cultivamos, y recogemos sus
cosechas,
mas no tenemos poder sobre ella.
Siempre construye, siempre destruye,
y su taller oculto está a los ojos de los hombres.

EL ANGEL DEL PODER

Tuyo, oh Padre Celestial,
fue el Poder, cuando ordenaste
un Sendero a todos y cada uno.

¿Qué es la Acción bien hecha?
Es la hecha por los Hijos de la Luz
que consideran la Ley ante toda otra cosa.
El mejor presente, por lo tanto,
te ruego, oh Tú el mejor de los seres,
¡Padre Celestial!
Que tu Sagrada Ley gobierne en nosotros
por tu Angel del Poder.
Me acerco a ti con mis ruegos,
que tus grandes dones de poder
protejan tu Orden Celestial,
y tu mente creadora en nosotros por siempre.
Te ensalzaremos, Padre Celestial,
¡Oh rey todopoderoso!
Y bendeciremos tu poder desde siempre
y para siempre,
mientras podamos y tengamos el poder,
mientras enseñamos a los pueblos
estos actos para ser hechos por ellos
con fe en el Padre Celestial,
la Madre Terrenal, los Angeles sagrados
y los Hijos de la Luz
que labran la tierra en el Huerto de la Hermandad.
Y el deseo de que la Orden Celestial venga
a sus almas y a sus cuerpos.
Tuyo, ¡Oh Padre Celestial!, fue el Poder.
Sí, tuyo, ¡Oh Creador del Amor!,
fue el entendimiento y el espíritu,

cuando ordenaste un sendero
para todos y cada uno.
Por tu Poder iremos a los pueblos,
les enseñaremos, diciendo: Confiad en la Ley,
y transitad los caminos de los Angeles
para que heredéis la tierra
y, ciertamente, os alimentará la mesa de festejos
de la Madre Terrenal.
Deleitaos también en el Poder
del Padre Celestial,
y os dará los deseos de vuestro corazón.
Que la arrogancia no salga de la boca:
pues el Padre Celestial gobierna,
y por El son pesadas las acciones.
El lleva al sepulcro, y engendra,
el poder de la Ley empobrece y enriquece:
su poder humilla y ensalza.
Del polvo levanta a los humildes,
y del muladar eleva al pordiosero,
y los hace heredar el trono de la gloria.
Atronará desde el cielo
sobre los hijos de las tinieblas:
con el poder juzgará el Señor
los confines de la tierra.
Escuchad la voz de los Hermanos
que claman en el desierto salvaje y estéril:
preparad el sendero de la Ley,
enderezad los caminos del Padre Celestial,
y de la Madre Terrenal,
y de los Angeles sagrados del día y de la noche.
Los valles todos serán llenados
y montañas y colinas nivelados,
y lo retorcido será enderezado,
y los ásperos caminos nivelados,
y toda la carne verá el poder de la Ley.
Te ensalzamos, Padre Celestial,
pues Tú nos levantaste.

Oh Señor, Padre Todopoderoso,
clamamos a Ti, y nos sanaste.
Del sepulcro has extraído
las almas de los hombres;
para que no cayeran en el abismo.
Oh Padre Celestial, Tú la Ley eres;
nuestras almas ansían la Ley,
nuestra carne anhela la Ley.
Río sagrado de poder es la Ley
en sedienta y reseca tierra sin agua.
Nuestros labios alabarán tu Poder
mientras vivamos,
levantaremos nuestras manos en tu nombre.
Preservaremos y nutriremos tu Orden Celestial;
en cumplimiento de los Actos
invocaremos y pronunciaremos día y noche
tu sagrado Poder,
y el Poder vendrá a ayudarnos;
será como si mil ángeles hubieran
cuidado de un sólo hombre.
A ti, Padre Celestial, el Poder pertenece
y a ti también la misericordia:
pues la Sagrada Ley da a cada hombre
de acuerdo con sus obras.

EL ANGEL DEL AMOR

El amor es más fuerte
que las corrientes de profundas aguas.
El Amor es más fuerte que la muerte.

Bienamados, amémonos los unos a los otros:
que el Amor es del Padre Celestial
y quien ama, ha nacido
del Padre Celestial y de la Madre Terrenal,
y conoce a los Angeles.
Os amaréis el uno al otro,
como el Padre Celestial os ha amado.
Pues el Padre Celestial es Amor;
y quien en el amor mora,
mora en el Padre Celestial,
y el Padre Celestial en él.
Que quien le ama, como el sol sea
cuando avanza con su fuerza.
Hermanos, pensado al unísono,
con infinito amor entre vosotros.
No os vengaréis, ni guardaréis rencor
contra los hijos de vuestro pueblo,
mas amaréis al prójimo como a vosotros mismo.
Si un hombre dice:
"Amo al Padre Celestial, pero odio a mi hermano",
es un mentiroso;
pues si no ama a su hermano a quien ha visto,
¿cómo podrá amar al Padre Celestial
al que no ha visto?
Quien ama al Padre Celestial
también ama a su hermano.
Ama también al extranjero,
pues extranjeros fuisteis en tierras del Egipto.

Dicen los hombres:
mejor una cena de hierbas en la que mora el amor,
que un buey cebado y el odio con él.
Las dulces palabras colmena de miel son,
dulces el alma, salud a los huesos.
Las palabras de un hombre son
cual profundas corrientes,
y el manantial del amor un arroyo fluyente.
Cuanto la Ley requiere de ti,
es ser justo, amar la piedad,
y en humildad caminar con los Angeles.
Así conoceremos que el Angel del Amor
habita en nosotros,
cuando al Padre Celestial amamos,
y guardamos su Ley.
¡Oh, Gracioso Amor!
¡Oh, Creador del Amor!
Revela las mejores palabras
con tu mente divina que en nosotros vive.
Di a los Hijos de la Luz
que labran en el Huerto de la Hermandad:
honrad a los hombres.
Amad a la Hermandad.
Obedeced a la Ley.

EL ANGEL DE LA SABIDURIA

Seguir al Señor
es el principio de la sabiduría
y del conocimiento
del sagrado entendimiento.
Pues por él
se multiplicarán tus días,
y los años de tu vida aumentarán.

Toda Sabiduría del Padre Celestial viene,
y con El está por siempre.
Por la Sagrada Ley el Angel de la Sabiduría
guía a los Hijos de la Luz.
¿Quién puede las arenas del mar contar,
las gotas de lluvia, de la eternidad de los días?
¿Quién puede calcular las alturas de los cielos,
la anchura de la tierra,
la profundidad y la sabiduría?
La Sabiduría fue creada antes que las cosas.
Puede curarse con bondad,
puede curarse con justicia,
puede curarse con las hierbas,
puede curarse con palabras sabias.
Entre todos los remedios,
este es el que sana,
el que sana con palabras sabias.
El que mejor alejará los males
de los cuerpos de los fieles,
pues la Sabiduría es el mejor remedio.
Seguir la Sagrada Ley corona es de la Sabiduría,
haciendo que florezca la paz y la salud perfecta,
que ambas son presentes de los Angeles.
¡Nos acercamos a ti, Oh Padre Celestial!

Con la ayuda de tu Angel de la Sabiduría,
que nos guía a través de tu Orden Celestial,
y con acciones y palabras
inspiradas por la Sabiduría sagrada.
Ven a nos, Padre Celestial, con tu mente creadora,
y Tú, que otorgas presentes
a través de tu Orden Celestial,
otorga igual el sempiterno presente de Sabiduría
a los Hijos de la Luz,
y que esta vida transcurra en sagrado servicio
en el Huerto de la Hermandad.
En el Reino bondadoso de tu mente
encerrado en nuestras mentes,
el Sendero de la Sabiduría fluye
de la Orden Celestial,
donde mora el Sagrado Arbol de la Vida,
en cuya forma se manifiesta Tu Ley,
¡Oh Padre Celestial!
El Padre Celestial contesta:
Por reflexión
en unidad perfecta con la sabiduría,
¡Oh Hijos de la Luz!,
¿Cuál es la palabra bien dicha?
Es la benefactora palabra de la Sabiduría.
¿Cuál es el buen pensamiento?
El que piensa el Hijo de la Luz,
quien tiene al Sagrado Pensamiento
por más valioso de cuanto hay.
Así crecerá el Hijo de la Luz
en concentración y comunión,
y crecerá la Sabiduría,
y así continuará
hasta que todos los misterios del Huerto Infinito
donde mora el Arbol de la Vida
le sean revelados.
Entonces exclamarán victoriosos:
¡Oh Padre Celestial!,

Dadme mi tarea
en la construcción en esta tierra de tu Reino,
con buenos pensamientos, palabras y acciones
que serán para el Hijo de la Luz
su más precioso presente.
¡Oh tú, Orden Celestial!
¡Y tú, Mente Universal!
Os adoraré, y al Padre Celestial,
por quien la mente creadora en nosotros
hace el Reino Imperecedero progresar.
La Sagrada Sabiduría librará
del temor a los hombres
de amplio corazón y tranquila conciencia.
Sagrada Sabiduría, entendimiento
que se extiende perdurable,
continuamente, sin fin,
y no se adquiere de los rollos sagrados.
Es la ignorancia la que arruina a los hombres,
tanto entre cuantos murieron
como entre cuantos habrán de morir.
Cuando la ignorancia reemplazada sea por la
Sabiduría Sagrada
volverán la dulzura y la abundancia
a nuestra tierra y nuestros campos,
con salud y duración,
fertilidad, aumento y crecimiento,
y abundancia de hierbas y de mieses,
y ríos de Paz a través del desierto correrán.

EL ANGEL DE LA VIDA ETERNA

Y Enoch caminó con Dios
y ya no fue, pues Dios le llevó.

En la tierra hombre alguno fue creado como Enoch,
pues fue llevado de la tierra.
Fue como estrella matinal en medio de una nube,
y como el plenilunio:
como el sol que brilla sobre el templo del Altísimo
y arcoíris que en las brillantes nube luce,
o macizos de rosas en la primavera del año
y lirios a la orilla de las aguas de los ríos
o las ramas del árbol del incienso
durante el verano,
y el bello olivo que produce fruto,
y el árbol de ciprés que crece hasta las nubes.
El primer seguidor de la Ley fue Enoch,
el primer curador, de los sabios
felices, gloriosos, potentes
que rechazaron las tinieblas y la muerte.
Obtuvo, sí, una fuente de remedios
y resistir las enfermedades y la muerte,
resistir los dolores y las fiebres;
resistir el mal y la infección
que la ignorancia de la Ley
había creado contra los cuerpos de los hombres.
Invocamos a Enoch,
el maestro de la vida,
fundador de la Hermandad,
el hombre de la Ley,
el más sabio de los seres,
el mejor guía de los seres,
el más brillante de los seres,

el más glorioso de los seres,
el más digno de invocación entre los seres,
el más digno de glorificación entre los seres,
que pensó primero en cuanto es bueno,
que habló primero cuanto es bueno,
que primero hizo cuanto es bueno,
que fue el primer Sacerdote,
el primer Labrador de los Campos,
que primero conoció y enseñó la Palabra,
y la obediencia a la Sagrada Ley.
A los Hijos de la Luz
Dio las cosas buenas de la vida:
fue el portador primero de la Ley.
Está escrito, palabras del padre Enoch:
Sacrificamos ante el Creador,
el Padre Celestial,
Los Angeles brillantes y gloriosos.
Sacrificamos ante los brillantes cielos,
sacrificamos ante la brillante,
bienaventurada, feliz Sabiduría
de los Angeles Sagrados de la Eternidad.
Otórganos, Padre Celestial,
el deseo y conocimiento del más recto sendero,
el más recto por la Celestial Orden de la Vida,
la Vida del mejor de los Angeles,
brillantes y gloriosos.
Como es la salud excelente,
así también lo es la Vida Eterna,
que ambos fluyen de la Orden Celestial,
el creador de la bondad de la mente
y las acciones de vida para la devoción
al Creador de la Vida Eterna.
Sacrificamos ante el cielo soberano,
sacrificamos ante el tiempo infinito,
sacrificamos al ilimitado Mar de la Vida Eterna.
Invocamos la más gloriosa Ley.
Invocamos el Reino de los Cielos,

el tiempo infinito, y los Angeles.
Invocamos la eterna, Sagrada Ley.
Seguimos el sendero de las estrellas,
la luna, el sol y la infinita Luz
que giran por siempre en círculos perdurables.
Y la veracidad de Pensamiento, Palabra y Obra
colocarán al alma del piadoso
en la Luz Infinita de la Vida Eterna.
Poseyóme el Padre Celestial
al comienzo de la ruta,
antes de sus antiguas obras.
Fui establecido desde siempre, desde el principio,
o que en la tierra estuviera
cuando profundidades no había, fui creado:
cuando aún ni la tierra ni los campos había hecho,
ni al comienzo de la tierra en el mundo.
Estuve ahí, cuando estableció los cielos:
cuando un círculo forjó en el rostro del abismo.
Cuando en lo alto afirmó los cielos;
al fortalecerse la fuente en lo profundo;
cuando al mar dio sus fronteras,
que las aguas la Ley no transgredieran;
cuando estableció los fundamentos de la tierra;
a su lado estuve entonces, como alto artesano;
y era diariamente su deleite,
ante El en perenne regocijo,
regocijo en la habitable tierra,
y mi deleite fue con los hijos de los hombres.
Por la eternidad el Padre Celestial reina,
de fortaleza y majestad vestido.
¡El Sempiterno!
Los torrentes, Oh Señor,
los torrentes su voz han elevado,
sus torrentes sus olas elevaron.
El Padre Celestial en lo alto
más poderoso es que el sonido de las aguas,
sí, que las poderosas olas de los mares.

Su nombre perdurará por siempre,
por la eternidad continuará su nombre,
y los Hijos de la Luz por él serán bendecidos,
y los hombres le llamarán bendito.
Que la tierra entera sea llenada
con la gloria del Padre Celestial,
de la Madre Terrenal
y de los Angeles Sagrados.
He alcanzado la visión interna
y por tu espíritu en mí
he oído tu maravilloso secreto.
Por tu místico miraje
has hecho un manantial de conocimiento
brotar en mí.
Una fuente de poder, que derrama aguas vivientes,
torrente de Amor y Sabiduría infinita
como el esplendor de la Luz Eterna.

EL ANGEL DEL TRABAJO

¿Quién las aguas ha medido
en el hueco de la mano,
y medido los cielos con la palma,
y comprimido el polvo de la tierra
en un vaso,
y pesado las montañas en balanzas
y las colinas en la báscula?

Sale el sol, y se reúnen los Hermanos,
van unidos al trabajo de los campos;
van con hombros poderosos y alegres corazones;
y laboran juntos en el Huerto de la Hermandad.
Son los trabajos don de Dios,
porque obran el bien del Padre Celestial.
Son espíritu, conciencia y el alma
de los que enseñan la ley y luchan por la Ley.
Con el brazo derecho y el izquierdo, el suelo labran
y explota el desierto en colores verdes y áureos.
Con el brazo derecho y el izquierdo,
las piedras colocan
para construir el Reino de los Cielos en la tierra.
Son mensajeros del Angel del Trabajo;
en ellos la Ley sagrada se revela.
¡Oh Padre Celestial!
¡Cuán múltiples son tus obras!
Con sabiduría las hicistes;
de tus riquezas la tierra está llena.
Envías las primaveras a los valles,
que entre colinas corren.
Das de beber a las bestias del campo,
y haces crecer el pasto del ganado.
Poderosos árboles colocas en su sitio,

que las aves del cielo hacer su nido puedan,
y cantar dulcemente entre las ramas.
Das hierbas para servicio del hombre,
que pueda extraer alimento de la tierra.
Tus presentes fructifican al calor de los Hermanos,
que construyen el Reino de los Cielos en la tierra.
Abres Tus manos, de bienes están llenas.
Tu espíritu envías,
y junto con tus Angeles sagrados,
renuevas el rostro de la tierra.
¡Oh Tú, Padre Celestial!
¡Tú, que eres Uno!
Revela a los Hijos de la Luz:
¿cuál es el lugar primero
do siente la tierra su alegría más grande?
El Padre Celestial que responde, dijo:
El lugar sobre el que uno de los Hermanos
que siguen la Ley, transite:
con sus buenos pensamientos, palabras y obras.
Cuya espalda es fuerte en el servicio
y no son ociosas manos,
que eleva su voz en todo de acuerdo con la Ley.
El sitio es sagrado en el que uno de los Hermanos
siembre abundantes mieses, hierbas y frutos;
y riegue el suelo que esté seco,
o drene el suelo muy humedecido.
Pues la tierra ha sido puesta al cuidado
de los Hijos de la Luz,
que la atesoren y la cuiden,
y de lo profundo extraigan sólo
cuanto sea alimento para el cuerpo.
Benditos sean los Hijos de la Luz
cuyo gozo está en el trabajo con la Ley,
trabajan durante el día
en el Huerto de la Hermandad,
y de noche se unen
a los Angeles del Padre Celestial.

De sus labios la leyenda cuentan,
que enseñanza es a los hijos de los hombres:
se dice que un día los árboles partieron
a ungir un rey que les mandara;
y dijeron al olivo:
"Sobre nosotros reina".
Mas respondióles el olivo:
"¿Dejaré mi abundancia
con la que honro a Dios y al hombre,
para ser promovido entre los árboles?".
Y los árboles dijeron a la higuera:
"Ven tú, y sobre nosotros reina".
Mas la higuera respondióles:
"¿Desecharé mi dulzura, mis buenos frutos,
para ser promovida entre los árboles?".
Entonces los árboles dijéronle a la viña:
"Ven tú, y sobre nosotros reina".
Mas la viña respondióles:
"¿Dejaré mi vino
que a Dios alegra y a los hombres,
para ser promovido entre los árboles?".
El hombre de la Ley que cumple sus tareas
bendición alguna necesita.

EL ANGEL DE LA PAZ

Pues la tierra está llena
con la Paz del Padre Celestial
como cubren el mar las aguas.

Invocaré al Angel de la Paz,
cuyo aliento es cordial,
cuya mano reviste de poder.
En el reino de la Paz, hambre ni sed existen,
ni vientos cálidos ni fríos,
ni vejez ni muerte alguna.
En el Reino de la Paz,
no morirán hombres ni animales,
no se agotarán las aguas ni las plantas,
ni se agotarán los alimentos de la vida.
Se dice que las montañas
traerán paz a los pueblos,
y justicia las colinas.
Habrá paz
mientras el sol y la luna brillen
por las generaciones todas.
La paz descenderá como la lluvia sobre el césped,
como aguaceros que la tierra humedecen.
En el reino de la Paz, la Ley crecerá fuerte,
y los Hijos de la Luz dominarán
de mar a mar, hasta los confines de la tierra.
El reino de la Paz su fuente tiene
en el Padre Celestial;
su fuerza afirma las montañas,
hace los ocasos y alboradas
para gozarse en la Luz,
trae a la tierra el Río de la Ley
para regarla y enriquecerla,

la tierra suaviza con las lluvias;
cae sobre la hierba de la selva,
y por doquier se gozan las colinas.
De rebaños están vestidas las praderas,
los valles están cubiertos de maizales;
de alegría claman, y también cantan.
¡Oh Padre Celestial!
¡Trae a tu tierra el reino de la Paz!
Recordaremos entonces las palabras
de quien antiguamente enseñó a los Hijos de la Luz:
Os doy la paz de vuestra Madre Terrenal
a vuestro cuerpo,
y la paz del Padre Celestial
a vuestro espíritu.
Y que la paz de ambos
reine entre los hijos de los hombres.
Venid a mí los fatigados,
los que en las luchas y aflicciones sufren.
Pues mi paz os fortalecerá y confortará.
Pues mi paz desborda de alegría.
Por lo que siempre os saludo de tal modo:
¡La paz sea con vosotros!
Saludaos, por tanto, siempre el uno al otro
para que sobre vuestro cuerpo descienda
la Paz de nuestra Madre Terrenal,
y sobre vuestro espíritu
la Paz de vuestro Padre Celestial.
Y encontraréis entonces también paz entre vosotros,
pues el Reino de los Cielos está en vosotros.
Y volved a vuestros Hermanos
y dadles también nuestra paz,
pues felices los que se esfuerzan por la Paz
porque encontrarán la paz del Padre Celestial.
Y daos todos vuestra paz
como os he dado mi paz,
pues mi paz es de Dios.
¡La Paz sea con vosotros!.

EL PADRE CELESTIAL

En el Reino Celestial
hay cosas extrañas y maravillosas,
pues por su palabra las cosas existen.
No obstante, hay cosas escondidas más grandes que éstas,
pues tan sólo hemos visto pocas de sus obras.
El Padre Celestial hizo todas las cosas.

La belleza del cielo, de las estrellas la gloria,
iluminan los sitios más altos del Mar Celestial.
Centinelas del Altísimo, están en su orden
y no desmayan sus vigilias.
Mirad al arcoiris, y alabad a quien lo hizo;
muy bello es, con su brillo
abarca el cielo con círculo glorioso,
y las manos del Altísimo hicieron su arco.
Por su Ley la nieve hizo caer de prisa,
y rápidos envía los rayos de su juicio.
Por esto sus tesoros se abren,
y cual aves remóntanse las nubes.
Por su gran poder son firmes las nubes
y despedázase el granizo.
A su mirada las montañas se conmueven,
y el viento del sur por su voluntad sopla.
El rugido del trueno estremece la tierra;
y la tormenta del norte y el torbellino,
cual aves que vuelan, dispersan la nieve,
y asombrado está el corazón por la lluvia.
Así declaran los cielos la gloria de Dios,
y el firmamento muestra su artesanía.
¿Quien hizo las aguas?
¿Quien hizo las plantas?
¿Quién en el viento inició las nubes de tormenta,

las veloces y las diminutas?
¿Quién, Oh Padre Celestial,
es el Creador de la Ley en nuestras almas?
¿Quién hizo la Luz y las tinieblas?
¿Quién hizo el sueño y el ímpetu
de las horas de vigilia?
¿Quién dio al recurrente sol y a las estrellas
su regular sendero?
¿Quién estableció por lo que la luna crece
y por lo que mengua?
¿Quién, salvo tú, Padre Celestial,
hizo estas cosas gloriosas?
Señor, tú has sido nuestro habitáculo
en las generaciones todas.
Antes de ser creadas las montañas,
o que formaras la tierra y el mundo,
desde la eternidad hasta la eternidad, eres la Ley.
Tu nombre es Comprensión,
Tu nombre es Sabiduría,
Tu nombre es Benéfico,
Tu nombre es El Inconquistable,
Tu nombre es El Verdadero,
Tu nombre es Todo-Vidente,
Tu nombre es el Curador,
Tu nombre es el Creador,
Tu nombre es el Guardador.
Tú eres el Creador y el Mantenedor;
Tú eres el Discernidor y el Espíritu,
Tú eres la Sagrada Ley.
Estos nombres fueron pronunciados
antes de la Creación de este Cielo,
antes de hacerse las aguas y las plantas,
antes de nacer nuestro sagrado Padre Enoch.
Antes del principio del tiempo.
El Padre Celestial plantó el Arbol de la Vida,
que por siempre está en el Eterno Mar.
Alto en sus ramas un pájaro canta,

y sólo cuantos ahí hayan llegado,
y han oído del pájaro el misterioso canto,
sólo ellos, verán al Padre Celestial.
Le preguntarán su nombre,
y El contestará: "Soy lo que soy,
siendo siempre el mismo que Soy".
Oh tú, Padre Celestial.
¡Cuán excelente es tu nombre en la tierra!
Has fijado tu gloria sobre los cielos.
Al considerar tu cielo, la obra de Tus manos,
la luna y las estrellas, que ordenaste,
¿qué es el hombre, para que pienses en él?
Mas tú has hecho un convenio
con los Hijos de la Luz
y caminan con los Angeles Sagrados;
les coronaste con honor y gloria,
les hiciste tener dominio
sobre las obras de tus manos,
y les diste
la tarea de nutrir y proteger
cuanto vive y crece en tu verde tierra.
¡Oh Padre Celestial!
¡Cuán excelente es tu nombre en la tierra!
Oye la voz de quien a ti clama:
¿Dónde iré lejos de tu espíritu?
¿Adónde huiré de tu presencia?
Si al cielo asciendo, tú estás ahí;
si en el infierno hago un lecho, mirad, tú estás ahí;
si las olas tomo de la mañana,
y en las partes más remotas del mar habito,
aún ahí me conducirá tu mano,
y tu mano derecha me sostendrá.
Si digo: "Seguramente me cubrirán las tinieblas",
aún la noche será clara en derredor.
Sí, las tinieblas de ti no ocultan
mas la noche como el día brillará;
las tinieblas y la luz son iguales para Ti,

pues poseíste mis efectos.
Como el corazón ansía los arroyos,
así mi alma te ansía a ti, ¡Oh Dios!
Mi alma anhela al Padre Celestial viviente.
La Ley es mi luz y salvación;
¿A quién temeré?
La Ley es la roca y fortaleza de mi vida;
¿A quién temeré?
Una cosa he deseado de la Ley
que seguiré buscando:
Que pueda albergarme en la casa de la Ley
los días todos de mi vida.
Para mirar las bellezas del Padre Celestial.
Quienes moran en el lugar secreto del Altísimo
perdurarán bajo la sombra del Altísimo.
Diremos de la Ley:
"Eres nuestro refugio y fortaleza;
confiaremos en la Sagrada Ley".
Y el Padre Celestial
nos cubrirá con sus plumas.
Y bajo sus alas confiaremos;
su verdad nuestro escudo será y nuestra adarga.
No temeremos los terrores de la noche,
ni la flecha que de día vuela,
ni la pestilencia que camina en las tinieblas,
ni la destrucción que asola al mediodía.
Pues en el día caminaremos
con los Angeles de la Madre Terrenal,
por la noche comulgaremos
con los Angeles del Padre Celestial,
y cuando el sol alcanza al mediodía
guardaremos silencio ante la Séptuple Paz:
Y ningún mal nos sobrevendrá,
ni a nuestra casa acercárase plaga alguna,
pues a sus Angeles encargóles de nosotros,
y guardarnos en todos los caminos.
El Padre Celestial es nuestro refugio y fortaleza.

No temeremos por tanto,
aunque la tierra se extinga
y sean las montañas arrastradas
hasta el centro del océano;
aunque las aguas rujan y pertúrbense,
aunque las montañas se estremezcan con las olas.
Hay un río, que hasta el Mar Eterno fluye,
a su lado está el Arbol de la Vida.
Ahí mi Padre mora, y mi hogar está en él.
El Padre Celestial y yo somos uno.

LA SAGRADA LEY

Tú, Oh Sagrada Ley,
el Arbol de la Vida
que en medio está
del Eterno Mar,
que es llamado
el Arbol de la Curación,
el Arbol de poderosa Curación,
el árbol todo Curador
y sobre el que descansan las semillas
de quienes le invocamos.

¿No habéis sabido? ¿No habéis oído?
¿No se te dijo desde el principio?
Levanta la mirada y contempla la Sagrada Ley,
que fue establecida antes del eterno,
soberano espacio luminoso,
que creó los fundamentos de la tierra,
que es el primero y el último,
que vive en los corazones de los Hijos de la Luz.
Pues la Ley es grande,
como grande es el Padre Celestial
sobre los Angeles:
El es quien nos dio la Ley, y El es la Ley;
en sus manos están las profundidades de la tierra;
la fortaleza de las colinas suya es también.
Suyo es el mar, y El lo hizo,
y Sus manos formaron la tierra firme.
Venid, adoremos e inclinémonos,
arrodillémonos ante el Padre Celestial,
pues es la Ley
y somos hijos de sus pastos,
y las ovejas de su mano.
Con cantos de alegría los Hijos de la Luna

invocamos la Sagrada Ley;
la enfermedad aléjase de ella,
aléjase la muerte,
aléjase la ignorancia.
El orgullo, el escarnio y la furia,
la calumnia, la discordia y el mal,
la rabia y la violencia,
y las palabras mentirosas de la falsedad,
aléjanse todas ante el poder de la Sagrada Ley.
Aquí está la Ley
que aplastará la enfermedad,
que aplastará la muerte,
que aplastará a los opresores de los hombres,
que aplastará el orgullo,
que aplastará el escarnio,
que aplastará las furias,
que aplastará las calumnias,
que aplastará las discordias,
que aplastará el peor de los males,
que desterrará la ignorancia de la tierra.
Bendecimos la invocación y la plegaria,
la fortaleza y el vigor de la Sagrada Ley.
Invocamos el espíritu, la conciencia y el alma
de los Hijos de la Luz que la Ley enseñan,
que luchan en el reino de tinieblas
por traer la Luz a los hijos de los hombres.
Bendecimos la victoria
de los buenos pensamientos, palabras y acciones,
que fortalecen los cimientos
del Reino de la Luz.
Que los hijos de los hombres
piensen, hablen y hagan
buenos pensamientos, palabras y acciones.
Habitan cual su hogar los cielos.
Y quienes piensan, hablan y hagan
malvados pensamientos, palabras y acciones,
que moren en el caos.

La pureza es para el hombre, después de la vida,
el más grande bien:
La pureza está en la Sagrada Ley.
Que hace el pasto crecer en las montañas,
y purifica los corazones de los hombres.
Con buenos pensamientos, palabras y obras
limpio será el fuego,
limpia será el agua,
la tierra será limpia,
limpias las estrellas, la luna y el sol,
limpio el hombre fiel y la mujer devota,
limpia la infinita, eterna Luz,
limpio el Reino de la Madre Terrenal
y el Reino del Padre Celestial,
limpias las cosas buenas hechas por la Ley,
cuyo retoño es la Creación Sagrada.
Por obtener los tesoros del mundo material,
Oh, hijos de los hombres,
no renunciéis al mundo de la Ley.
Pues quien, por obtener tesoros
del mundo material
destruye en él el mundo de la Ley,
no poseerá ni fuerza de la vida,
ni la Ley,
ni la Luz Celestial.
Mas quien camina con los Angeles
y sigue la Sagrada Ley,
obtendrá todo lo bueno:
entrará al Eterno Mar
donde está el Arbol de la Vida.
Perfectas son las Comuniones de la Ley,
que conducen al alma de las tinieblas a la luz;
el testimonio de la Ley es seguro,
que hace sabio al ignorante.
Los estatutos de la Ley son justos,
y al corazón alegran;
el mandamiento de la Ley es puro,

e ilumina los ojos.
La verdad de la Ley es limpia, perdurable.
Que los Hijos de la Luz triunfen dondequiera
entre los Cielos y la Tierra.
Respiremos la Sagrada Ley en la plegaria:
Cuán bellos son tus tabernáculos,
Oh Padre Celestial.
Mi alma anhela, sí, desmaya
por el Arbol de la Vida
que está enmedio del Eterno Mar.
Mi corazón y carne por el Dios viviente claman.
Sí, el gorrión encontró,
y la golondrina, una vida para sí,
donde reposan sus polluelos.
Los Hijos de la Luz
que laboran en el Huerto de la Hermandad
moran en la Sagrada Ley:
¡Benditos sean quienes ahí habitan!.

LOS ANGELES

El Padre Celestial
dio a sus Angeles vuestro cuidado,
y en sus manos
te llevarán
al Arbol de la Vida,
que está enmedio
del Eterno Mar...

Por la sabiduría de la Ley,
por el inconquistable poder de la Ley,
y el vigor de la salud.
Por la gloria del Padre Celestial
y de la Madre Terrenal,
y por las dádivas y remedios
de la séptuple Paz,
adoramos a los Angeles Sagrados,
ante quienes nuestros esfuerzos
y nuestras Comuniones
nos hacen agradables ante el Padre Celestial.
La Ley se cumple de acuerdo con los Angeles,
los Brillantes y Sagrados,
cuyas miradas realizan sus deseos,
poderosos, señoriales,
inmarcesibles y sagrados.
Que son siete y siete con un Pensamiento,
que son siete y siete con una Palabra,
que son siete y siete con una Acción.
Cuyo Pensamiento es el mismo,
cuya Palabra es la misma,
cuya Acción es la misma,
cuyo Padre es el mismo,
el Padre Celestial.

Los Angeles que miran en las almas,
que traen el Reino de la Madre Terrenal
y el Reino del Padre Celestial
a los Hijos de la Luz
que laboran en el Huerto de la Hermandad.
Los Angeles que son los Hacedores y Tutores,
los Formadores y Vigilantes,
los Guardadores y Preservadores
de la abundante Tierra.
Invocamos a los buenos, poderosos, benéficos
Angeles de la Madre Terrenal
y del Padre Celestial.
¡El de la Luz!
¡El del Cielo!
¡El de las Aguas!
¡El de la Tierra!
¡El de las Plantas!
¡El de los Hijos de la Luz!
¡El de la Eterna Creación Sagrada!
Adoramos a los Angeles,
que escucharon primero el pensamiento
y la enseñanza
del Padre Celestial,
de quien los Angeles formaron
la semilla de las naciones.
Adoramos a los Angeles
que primero tocaron el rostro
de nuestro Padre Enoch,
y guiaron a los Hijos de la Luz
por los siete y siete senderos
que conducen al Arbol de la Vida
que está por siempre
en medio del Eterno Mar.
Adoramos a todos los Angeles,
los Angeles buenos, heroicos y bondadosos,
del mundo corporal de la Madre Terrenal,
y los de los Reinos Invisibles,

en los Mundos Celestiales del Padre Celestial.
Adoramos los brillantes de semblante esplendoroso,
las criaturas excelsas y devotas del Padre Celestial,
que son imperecederos y sagrados.
Adoramos los resplandecientes, los gloriosos,
los generosos Angeles Sagrados,
que rigen con justicia,
y en justicia ordénanse las cosas.
Oye las alegres voces de los Hijos de la Luz,
que cantan alabanzas de los Angeles Sagrados
cuando trabajan en el Huerto de la Hermandad:
Cantamos alegres
a las aguas, la tierra y las plantas,
a esta tierra y a los cielos,
al sagrado viento, al sagrado sol
y a la sagrada luna,
a las estrellas eternas sin principio,
y a las criaturas sagradas del Padre Celestial.
Alegres cantamos a la Sagrada Ley
que es el Orden Celestial,
a los días y a las noches,
a los años y estaciones
que pilares son del Orden Celestial.
Adoramos a los Angeles del día
y a los Angeles del Mes,
los de los Años y las Estaciones
a todos los buenos, heroicos
Angeles que mantienen y preservan
el Orden Celestial.
Por la Sagrada Ley,
que es el mejor de todo bien.
Expresamos estos pensamientos bien pensados,
estas palabras bien dichas,
estas acciones bien hechas,
a los Angeles generosos, inmortales,
los que su justo mando ejercen.
Presentamos estas ofertas

a los Angeles del Día
y a los Angeles de la Noche,
los sempiternos, serviciales,
que eternamente moran en la Divina Mente.
Que los buenos, heroicos y generosos
Angeles del Padre Celestial
y de la Madre Terrenal
reposen sus pies sagrados
en el Huerto de la Hermandad,
y que juntos con nosotros vayan
con las virtudes sanadoras
de sus benditos presentes,
tan extensas cual la tierra,
tan anchurosos como ríos,
tan elevados como el sol,
para el mejoramiento del hombre,
y cultivo abundante.
Son ellos, los Angeles Sagrados,
que restaurarán el mundo.
En adelante no envejeceremos
y nunca moriremos.
Sin declinar, siempre vivientes y multiplicando.
Vendrán entonces Vida e Inmortalidad
y el mundo será restaurado.
La Creación será sin muerte,
prosperará el Reino del Padre Celestial,
y habrá perecido el mal.

LA HERMANDAD

Mirad, qué bueno y placentero es
para los Hijos de la Luz
morar en unidad reunidos.
Para la Hermandad
el Padre Celestial
ordenó la Ley
hasta la vida perdurable.

La Ley plantada fue en el Huerto de la Hermandad
para iluminar los corazones de los Hijos de la Luz,
y mostrar ante ellos
los siete y siete senderos hacia el Arbol de la Vida
que está en medio del Mar Eterno;
la Ley plantada fue en el Huerto de la Hermandad,
para que reconocer pudieran
los espíritus de verdad y falsedad,
la verdad nacida del Manantial de Luz,
la falsedad del pozo de tinieblas.
El dominio de los Hijos de la Verdad
en manos está de los Angeles poderosos de la Luz,
para que transiten los senderos de la Luz.
Los Hijos de la Luz son los servidores de la Ley
y el Padre Celestial no los olvidará.
Sus pecados borró cual espesa nube;
encendió la Verdad en sus corazones.
Cantad, Oh Cielos,
gritad, vosotras, entrañas de la tierra,
prorrumpid en cantos, oh montañas,
oh bosques, y todos los árboles en ellos;
pues el Padre Celestial encendió la llama
en los corazones de los Hijos de la Luz,
y glorificóse en ellos.

La Sagrada Llama del Creador
purifica a los seguidores de la Luz
de todo perverso pensamiento, palabra y obra,
como el viento veloz y poderoso
los llanos purifica.
Que a los Hijos de la Luz que lo deseen
la Palabra Sagrada les enseñen,
durante la vigilia primera del día y la última,
durante la vigilia primera de la noche y la última,
que su mente la inteligencia ensanche
y se fortalezca en su alma la Sagrada Ley.
En la alborada
mirará hacia el sol naciente
y saludará gozoso a su Madre Terrenal.
En la alborada
su cuerpo lavará con agua fresca
y saludará gozoso a su Madre Terrenal.
En la alborada
aspirará los fragantes aires
y saludará gozoso a su Madre Terrenal.
En la alborada
trabajará con sus hermanos
en el Huerto de la Hermandad.
En el ocaso
uniráse a sus hermanos,
y juntos estudiarán las sagradas escrituras
de nuestros padres, y los padres de sus padres,
hasta las palabras de nuestro Padre Enoch.
Y cuando las estrellas estén en lo alto de los cielos
comulgará
con los Angeles Sagrados del Padre Celestial.
Y su voz se elevará con alegría
hasta el Altísimo, diciendo:
adoramos al Creador
hacedor de cuanto existe:
La Mente Buena
y de la Ley,

la   Inmortalidad,
y el Sagrado Fuego de la Vida.
Ofrecemos a la Ley
la Sabiduría de la Lengua,
la Palabra Sagrada, los Actos y Palabras
bien   hablados.
Concédenos, Oh Padre Celestial,
que traigamos la abundancia
al mundo por Ti creado,
que la sed y el hambre erradiquemos
del mundo por Ti creado,
que la vejez y la muerte eliminemos
del mundo por Ti creado.
¡Oh bueno, benéfico Padre Celestial!
Concédenos que pensemos
de acuerdo con la Ley,
que   hablemos
de acuerdo con la Ley,
que   hagamos
de acuerdo con la Ley.
Oh Padre Celestial,
¿cuál es la invocación más digna
en grandeza y en bondad?
Es aquella, Oh Hijos de la Luz,
que se hace
al levantarse y del sueño despertar,
profesando al mismo tiempo
buenos pensamientos, palabras y acciones
y rechazando los malos pensamientos
palabras y acciones.
El primer paso
que hizo el alma del Hijo de la Luz,
púsole en el Paraíso de los Buenos Pensamientos,
el Sagrado Reino de la Sabiduría.
El segundo paso
que hizo el alma del Hijo de la Luz,
púsolo en el Paraíso de las Buenas Palabras,

el Sagrado Reino del Amor.
El tercer paso
que hizo el alma del Hijo de la Luz,
púsolo en la Infinita Luz.
El Padre Celestial los corazones conoce
de los Hijos de la Luz.
Y por siempre será su herencia.
No temerán los malos tiempos;
y en días de hambre serán satisfechos.
Pues con ellos está la Fuente de la Vida,
y el Padre Celestial no abandona a sus hijos.
Sus almas respirarán por siempre,
y sus formas de Vida Eterna serán dotadas.
Bendiciones a los Hijos de la Luz,
que unieron sus destinos con la Ley,
que sus sendas transitan en verdad.
Bendígales la Ley con todo bien
y guárdeles del mal,
e ilumine sus corazones
con percepción en las cosas de la vida,
y les agracie con el conocimiento de lo eterno.

LOS ARBOLES

Id hacia elevados árboles
y ante uno de ellos
bello, alto y poderoso,
decid estas palabras:
Salud a Ti,
Oh Arbol viviente y bueno
hecho por el Creador.

En días remotos, cuando la Creación fue joven,
la tierra estaba llena de gigantes árboles,
cuyas ramas remontábanse hasta las nubes
y habitaban en ellos los Antiguos Padres
que caminaban con los Angeles
y vivían por la Sagrada Ley.
A la sombra de sus ramas
en paz vivían los hombres,
y la Sabiduría y el Conocimiento suyos eran,
y la revelación de la Infinita Luz.
Por sus bosques corría el Río Eterno
y en el centro estaba el Arbol de la Vida,
y de ellos no estaba oculto.
Comían a la mesa de la Madre Terrenal,
y dormían en los brazos del Padre Celestial,
y para la eternidad
fue su pacto con la Sagrada Ley.
En ese tiempo, los árboles eran
hermanos de los hombres,
y su vida en la tierra prolongada era,
tanto como el Eterno Río
que corría incesante
desde desconocida fuente.
Ahora el desierto con ardiente

arena la tierra barre,
ceniza y polvo son los árboles gigantes
y el ancho río cual charco es.
Pues el pacto sagrado con el Creador
fue roto por los Hijos de los Hombres,
y la tristeza llena los vacíos cielos
hasta los que una vez remontábanse
elevadas Ramas.
Ahora al desierto ardiente
vienen los Hijos de la Luz
a trabajar en el Huerto de la Hermandad.
La semilla que siembran en el estéril suelo
convertiráse en poderoso bosque
y se multiplicarán los árboles
y extenderán sus verdes alas
hasta que de nuevo la tierra sea cubierta.
Un huerto será la tierra entera,
y elevados árboles cubrirán la tierra.
En ese día un nuevo canto
entonarán los Hijos de la Luz:
¡Mi hermano Arbol!
No permitas ocultarme de ti,
mas compartamos el aliento de la vida
que nos diera la Madre Terrenal.
Más bella que la más fina joya
del arte del alfombrero,
es el tapiz de verdes hojas bajo los pies desnudos;
más majestuoso que dosel de seda
de próspero mercader,
es el techo de ramas sobre mi cabeza,
que las brillantes estrellas atraviesan con su luz.
El viento entre las hojas del ciprés
resuena como un coro de ángeles.
Por el tosco roble y el regio cedro
la Madre Terrenal un mensaje envió
de Vida Eterna
al Padre Celestial.

Mis plegarias van a los altos árboles;
y sus ramas que hasta el cielo se remontan.
Al Padre Celestial llevará mi voz.
Por cada niño sembrarás un árbol,
y que el vientre de tu Madre Terrenal
produzca vida.
Como el vientre de mujer produce vida.
Quien destruye un árbol
cercenó sus propios miembros.
Cantarán así los Hijos de la Luz,
cuando una huerta nuevamente sea la tierra;
¡Arbol Sagrado, presente divino de la Ley!
Tú, en majestad reúnes a quienes
de su verdadero hogar se han extraviado,
que es el Huerto de la Hermandad.
Y serán hermanos los hombres nuevamente
bajo tus acogedoras ramas.
Como el Padre Celestial amó a sus hijos,
así los árboles amaremos y cuidaremos
que en nuestra tierra crezcan.
Así los guardaremos y protegeremos
para que altos y fuertes crezcan
y de nuevo con su belleza la tierra llenen.
Pues son nuestros hermanos los árboles,
y cual hermanos,
el uno al otro nos guardaremos y amaremos.

LAS ESTRELLAS

Blancas, brillantes,
lejanas estrellas.
Penetrantes, salutíferas,
lejanas penetrantes estrellas.
Sus rayos brillantes,
su brillo y su gloria
son, por la Sagrada Ley,
quienes tu alabanza proclaman,
Oh, Padre Celestial.

Sobre el rostro de los cielos
lanzó su poder el Padre Celestial;
Y, Oh! un río de Estrellas su estela dejó.
Invocamos las Estrellas brillantes, gloriosas
que alejan todo temor y salud y vida traen a la
Creación...
Invocamos las Estrellas brillantes y gloriosas
a las que el Padre Celestial
dio mil sentidos,
gloriosas estrellas que guardan en ellas
semillas de Vida y de Agua.
A las brillantes, gloriosas Estrellas
ofrecemos Invocación:
Con sabiduría, poder y amor
con la voz, acciones y bien dichas palabras,
sacrificamos a las brillantes, gloriosas estrellas
que vuelan hacia el Mar Eternal
veloces como flechas.
Invocamos las brillantes, gloriosas Estrellas,
que bellas sobresalen
derramando alegría y consuelo
al comulgar entre ellas.
Las Obras Sagradas,

Estrellas, Soles y la polícroma Aurora
que la luz de los Días anuncia
son, en su Orden Celestial,
quienes tu alabanza proclaman,
Oh, Tú Gran Dador, Sagrada Ley.
Invocamos al Señor de las Estrellas,
al Angel de la Luz
siempre en vigilia.
Posesión tomamos
de la bella y anchurosa Ley
grande y poderosa,
cuya mirada abarca
los siete y siete Reinos de la Tierra;
veloz entre veloces,
generosa entre generosos,
la que da Progenie,
la que da Soberanía,
la que da Bienaventuranza y Alegría.
Invocamos al Señor de las Estrellas,
al Angel de la Luz,
que la verdad habla,
con mil oídos y diez mil ojos,
pleno conocimiento, fuerte y de vigilia eterna.
El Orden Celestial permea las cosas puras.
De quien son las Estrellas
en cuya Luz vístense los Angeles.
Grande es nuestro Padre Celestial,
y de gran poder:
entendimiento   infinito.
Conoce el número de las estrellas;
las llama por su nombre.
Contemplad la altura de las estrellas.
¡Cuán altas están!
Mas el Padre Celestial en sus manos las sostiene,
como arena que cernimos en las nuestras.
Quien la Sagrada Ley no conoce
es una estrella errabunda,

en las tinieblas de un ignoto cielo.
¿Crees tú que hay tan sólo una manera
de mirar al firmamento?
Sabed que las estrellas son espacios
do la gloria de los cielos se revela
en fragmentos de esplendorosa luz.
En la púrpura noche,
por continuas estrellas recorrida,
las almas de los Hijos de la Luz
se remontan para unirse
a los Angeles del Padre Celestial.
Entonces el Eterno Mar
reflejará la brillante gloria de los cielos,
y las estrellas alcanzarán las ramas
del Arbol de la Vida.
Entonces el Reino de los Cielos
llenará la tierra con su Gloria
y las estrellas brillantes del Altísimo
flamearán en los corazones de los Hijos de la Luz,
abrigarán y confortarán
a los buscadores de los hijos de los hombres.

LA LUNA

Ante la Luna luminosa
que dentro de sí guarda
de especies muchas la semilla.
Que haya invocación
con sacrificios y plegarias...

Cuando afectuoso es el Plenilunio
áureas plantas emergen de la tierra,
en la estación de Primavera.
Ante las Lunas Nuevas sacrifiquemos
y ante las Lunas Plenas;
llena de sagrada Paz es la creciente Luna:
sacrificamos ante el Angel de la Paz.
La Luna radiante y luminosa,
dentro de sí guarda la semilla;
la brillante y gloriosa
la que el agua da,
la que abrigo da,
la que da sabiduría,
la que da meditación,
la que da la frescura,
la curadora,
la Luna de la Paz.
La Luna brilla
sobre praderas, moradas,
las aguas, las tierras y las plantas
de nuestro huerto terrenal.
La Luna y el Sol,
el Sagrado Viento y
las Estrellas sin principio
por si determinados, y por sí movidos,
reguladores son del Sagrado Orden,

de los días y las noches,
de los meses y los años.
El rostro de la Luna de aspecto cambia,
mas siempre es la misma:
como la Sagrada Ley su aspecto cambia,
para cada uno de los Hijos de la Luz,
mas su Esencia es invariable.
Invocamos la Luna Nueva, la que mengua,
y la Luna Llena que la noche dispersa,
y los festivales anuales y las estaciones
del Padre Celestial.
Pues fue El quien dio a la Luna
su creciente y su menguante,
y por ella los movimientos conociéramos
del día y de la noche.
Argéntea, luminosa Luna.
Agradecidos estamos porque mirarte podemos
y ver en tu reflejo
el bendito rostro de la Madre Terrenal.
Entre el mundo de los hijos de los hombres
los Hermanos de la Luz son radiantes llamas,
como palidecen las estrellas en presencia
de la clara y brillante Luna.
Recorre la Luna brillante las esferas
y deleite en la Sagrada Ley a los corazones lleva.
Paz, paz, paz,
Sagrado Angel de la Paz,
ilumina con tu santidad la argéntea Luna.
Que todos puedan mirar en su belleza
y sentir tu eterna Paz
azul es el cielo del desierto por la noche,
y vemos de la Luna el primer rayo
casto y bello.
Salúdanse entonces los Hermanos
con amor y gratitud,
diciendo: "La paz sea contigo".
"¡La Paz sea contigo!".

SALMOS DE ALABANZA Y GRATITUD

Te estoy agradecido, Padre Celestial,
pues a eterna altura me elevaste
y transito Maravillas de los llanos.
Tú me diste guía
para alcanzar eterna compañía
desde el fondo de la tierra.
Purificaste mi cuerpo
para unirme al ejército
de los ángeles de la tierra
y mi espíritu para alcanzar
la congregación de los Angeles del Cielo.
Eternidad al hombre diste
para alabar en la aurora y el ocaso
Tus maravillas y Tus obras
con gozoso canto.

Oh, vosotras, obras del Padre Celestial
bendecid la Ley:
Alabad y exaltad la Ley por sobre todo,
Oh, vosotros, cielos, bendecid la Ley:
alabad y exaltad la Ley por sobre todo,
Oh, vosotros, Angeles del Padre Celestial,
y vosotros Angeles de la Madre Terrenal,
bendecid la Ley:
Alabad y exaltad la Ley por sobre todo.
Oh, vosotras, aguas que estáis sobre los cielos,
bendecid la Ley.
Vosotros, poderes de los Angeles Sagrados,
bendecid la Ley.
Vosotros, Sol y Luna, bendecid la Ley.
Estrellas del cielo, bendecid la Ley.
Lluvias y rocíos, bendecid la Ley.
Oh, vosotros, Vientos, bendecid la Ley.

Fuegos y Colores, bendecid la Ley.
Invierno y Verano, bendecid la Ley.
Luces y Tinieblas, bendecid la Ley.
Granizos y Nevadas, bendecid la Ley.
Noches y Días, bendecid la Ley.
Nubes y Centellas, bendecid la Ley.
Montañas y Colinas, bendecid la Ley.
Cuanto en la tierra crece, bendecid la Ley.
Oh vosotras, Fuentes, bendecid la Ley.
Mares y Ríos, bendecid la Ley.
Oh, vosotras, ballenas y cuanto en el agua vive,
bendecid la Ley.
Oh, vosotras, Aves del Aire,
bendecid la Ley.
Oh, vosotros, bestias y ganado,
bendecid la Ley.
Oh, vosotros, hijos de los hombres,
bendecid la Ley.
Espíritus y almas de los Hijos de la Luz,
bendecid la Ley.
Humildes y sagrados labradores
del Huerto de la Hermandad,
bendecid la Ley.
Que la tierra entera bendiga la Ley.
Oh, dad gracias al Padre Celestial
y bendecid su Ley.
Quienes veneráis la Ley
y a la Madre Terrenal,
y a los Angeles Sagrados,
dadles las gracias,
pues la Ley por siempre perdura.
Adoramos la Ley de día y de noche.
Salud, Oh Padre Celestial.
Salud a la Madre Terrenal.
Salud a los Angeles Sagrados.
Salud a los Hijos de la Luz.
Salud a nuestro Sagrado Padre Enoch.

Salud a la Creación Sagrada toda
que fue, que es, y que será por siempre.
Sacrificamos ante las gloriosas, brillantes estrellas,
sacrificamos ante el cielo soberano,
sacrificamos ante el tiempo infinito,
sacrificamos ante la buena Ley
de los adoradores del Creador,
de los Hijos de la Luz
que laboran en el Huerto de la Hermandad;
sacrificamos ante la senda de la Ley Sagrada.
Sacrificamos ante los Angeles todos
del invisible mundo;
Sacrificamos ante los Angeles Sagrados
del mundo material.
Oh, dad gracias al Padre Celestial, que bueno es,
Oh, dad gracias al Dios de los Angeles,
Oh, dad gracias al Señor de la Luz,
pues su misericordia por siempre perdura.
A quien sólo grandes maravillas hace,
a quien por sabiduría los cielos cuida,
a quien la tierra extendió encima de las aguas,
a quien hizo grandes luces en los cielos.
A quien hizo al Sol regir de día,
y la Luna y las Estrellas regir de noche,
en infinita alabanza y gratitud,
por su infinita misericordia.
Y la antigua y sagrada religión adoramos
que fue instituida en la Creación,
que en la tierra estuvo con los Grandes Arboles.
La religión sagrada del Creador,
resplandeciente y glorioso,
a nuestro Padre Enoch revelada.
Adoramos al Creador,
y al Fuego de la Vida
y las buenas Aguas que sagradas son,
y al Sol y a la Luna esplendorosos,
y las Estrellas brillantes y gloriosas;

y, sobre todo, a la Sagrada Ley adoramos.
Que el creador, nuestro Padre Celestial,
nos dio.
Es la Ley que sagrado hace nuestro albergue,
que es la ancha y verde tierra.
¡Alabad la Ley!
La Ley al destrozado compone,
y cura sus heridas.
Grande es la Ley, y su poder es grande;
de la Ley la comprensión es infinita.
La Ley ensalza a los humildes
y al suelo derriba al malvado.
Cantad a la Ley con gratitud,
con el arpa cantad alabanzas a la Ley,
que cubre los cielos con las nubes,
que prepara la lluvia a la tierra,
que hace la hierba crecer en las montañas.
Alabamos en voz alta el noble Pensamiento,
la Palabra bien hablada,
y la Acción bien hecha.
Vendremos a vosotros, oh generosos inmortales.
Vendremos a vosotros, ensalzando e invocandoos,
Angeles del Padre Celestial
y de la Madre Terrenal.
Adoramos al Sagrado Señor del Orden Celestial,
creador de las buenas criaturas de la tierra.
Adoramos la palabra de nuestro Padre Enoch,
y su antigua y pura religión,
su fe y su ciencia, más antiguas que el comienzo
de los tiempos.
Cantaremos a la Ley mientras vivamos.
Cantaremos alabanzas a nuestro Padre Celestial
mientras tengamos nuestro ser,
y perdure el Huerto de la Hermandad.
Nuestras Comuniones con los Angeles
serán dulces;
estaremos contentos en la Ley.

Bendice tú la Ley, Oh alma mía.
Alabad a la Sagrada Ley.
Los Hijos de la Luz aman la Ley,
pues la Ley atiende nuestras voces
y a nuestros ruegos.
Un todo oyente oído inclinó
la Ley hacia nosotros;
por tanto clamaremos a la Ley mientras vivamos.
La Ley liberó nuestras almas de la muerte,
de lágrimas a nuestros ojos,
de caídas a nuestros pies.
Ante la Ley caminaremos en la tierra de los vivos:
en los senderos
del Infinito Huerto de la Hermandad.
Los días de los hijos de los hombres
son cual hierba;
como flores del campo, así florecen.
Pasa el viento sobre ellos, y perecen:
mas perdurable es la misericordia de la Ley
para aquellos que la siguen.
Bendecid al Padre Celestial, vosotros sus Angeles,
ministros suyos, que Su voluntad hacéis.
Bendecid Señor, sus obras todas,
en los sitios de su dominio;
bendice al Señor, Oh alma mía.
Oh, Padre Celestial, eres muy grande.
Cubierto estás de majestad y honor.
Quien se cubre de luz como ropaje,
que extiende los cielos como bastidores,
que hace de las nubes su carruaje,
que camina en las alas de los vientos
que hace espíritus sus Angeles,
brillante fuego de los Hijos de la Luz
para encender la Verdad
en los corazones de los hombres,
que puso los cimientos de la tierra.
¡Bendice al Padre Celestial, Oh Alma Mía!

LAMENTOS

Desde el fondo de Ti he clamado, Oh Señor.
Señor, mi voz escucha.

Oye mi plegaria, Señor
y deja mi clamor llegar a Ti.
De mí no ocultes Tu rostro
en mi día de sufrimiento,
inclina hacia mí Tu oído;
el día en que llame, presto responde,
pues mis días se consumen como el humo,
y mis huesos son quemados
como el fuego de un hogar.
Mi corazón destruido está,
y marchito cual la hierba;
tal que olvido mi alimento consumir.
Por la voz de mis gemidos
adhiérense los huesos a la piel.
Soy cual pelícano en la selva,
soy cual lechuza del desierto.
Observo, y soy cual una alondra,
sobre el techo de una mansión deshabitada.
Mis días son cual sombra que declina;
y marchito estoy como la hierba.
Oh, mi Dios, no me lleves en medio de mis días.
Los cielos son obras de Tus manos.
Perecerán, mas Tú perdurarás.
El primer paso dado
por el alma del malvado,
púsole en el infierno de los malos pensamientos.
El segundo paso dado
por el alma del malvado,
púsole en el infierno de las malas palabras.

El tercer paso dado
por el alma del malvado,
púsole en el infierno de las malas acciones.
El cuarto paso dado
por el alma del malvado,
púsole en las tinieblas infinitas.
Se que Tú lo puedes todo,
y que Tu propósito no será reprimido.
Ahora te ven mis ojos,
por lo que me aborrezco,
y arrepiento en polvo y cenizas
por los malvados hijos de los hombres.
Contra ellos mismos han pecado,
y su infierno de malos pensamientos,
palabras y obras,
es infierno de su propia hechura.
Mas mi angustia y mis lágrimas amargas
son por los antiguos padres,
que contra el Creador pecaron,
y fueron desterrados
del Reino Sagrado de los Grandes Arboles.
Por eso lloro, y oculto mi rostro con tristeza,
por la belleza del Jardín Perdido,
y la extinta dulzura del canto del Ave,
que cantaba en las ramas del Arbol de la Vida.
Tened piedad de mí, Oh Dios,
y de mis pecados lávame.
De los corazones el gozo ha cesado.
En lamento convirtióse nuestra danza.
De la cabeza cayóse la corona;
vergüenza sobre nos, que hemos pecado.
Por esto el corazón es débil,
por esto se oscurecen nuestros ojos.
Tú, Oh Padre Celestial,
perduras para siempre,
por las generaciones en tu trono.
¿Por qué nos olvidas para siempre,

y nos abandonas por tan largo tiempo?
Hacia Ti vuélvenos, Oh Señor,
renueva los días de antaño.
Donde no hay rectitud ni compasión;
Ahí las bestias yacerán,
y sus casas estarán llenas
de dolientes criaturas.
Ahí morarán las lechuzas
y los sátiros ahí danzarán.
Y las bestias salvajes gritarán
en las casas desoladas.
Lávame, Oh Señor, y seré más blanco que la nieve.
Haced que escuche alegría y contento;
oculta de tu rostro mis pecados,
y borra todas mis iniquidades.
Crea en mí un corazón limpio, Oh Dios;
y en mi interior un recto espíritu renueva.
No me arrojes lejos de tu presencia;
y no tomes tu Sagrado Espíritu de mí,
restáurame al gozo de tu Infinito Huerto,
y defiéndeme ante tus Angeles Sagrados.
Permíteme alejar las cosas malas
y las impurezas,
del fuego, del agua,
la tierra, los árboles,
del hombre fiel y la mujer devota,
de las estrellas, la luna y el sol,
de la Infinita Luz,
y de las cosas buenas,
hechas por Ti, Oh Padre Celestial,
cuyo retoño es la Sagrada Ley.
Cabe a los ríos de Babilonia,
sentémonos, sí, y lloremos
al recordar a Zión.
Colgamos de los sauces nuestras arpas.
¿Cómo habremos de cantar el canto del Señor
en la malvada tierra?

Si te olvido, Oh Jerusalén,
que mi mano derecha olvide su artificio.
Si no te recuerdo,
que mi lengua se adhiera al cielo de mi boca;
y Zión libertad es en la Hermandad.
Oh Señor, clamaré a ti.
Pues el fuego devoró los pastos
de la selva,
y las llamas quemaron
los árboles del campo.
Las bestias del campo también a Ti claman,
pues las aguas de los ríos se secaron,
y el fuego devoró
los pastos de la selva.
Tiemblen los habitantes de la tierra:
pues viene el día del Señor,
y está muy cerca;
días de tinieblas y tristeza,
día de nublados y oscuridad espera,
día en que temblará la tierra,
y temblarán los cielos.
Se oscurecerán el sol y la luna,
y las estrellas perderán su brillo.
Desde las profundidades clamamos a Ti, Oh Señor.
Señor, escucha nuestras voces.

PROFECIAS

Escuchadme, pueblo mío,
y prestadme vuestro oído.
Levantad vuestros ojos a los cielos
y mirad sobre la tierra;
pues los cielos se desvanecerán como humo,
y la tierra envejecerá como un ropaje,
· y los que en ella habitan
morirán de igual manera.
Mas mi Reino será para siempre
y mi Ley no será abolida.

Y en ese día se ensanchará el infierno,
y abrirá sus fauces sin medida;
y la gloria, el orgullo y la pompa del malvado
en él descenderán.
Y el hombre vil será humillado,
y humillado será el poderoso,
como devora el fuego los rastrojos,
y las llamas consumen las escorias;
así sus raíces serán cual podredumbre,
y polvo se harán sus capullos.
Porque   desecharon
la Sagrada Ley del Orden Celestial,
y despreciaron la palabra de los Hijos de la Luz.
Y ese día, miraremos a la tierra
y tan sólo tinieblas y tristeza observaremos,
y oscurecida será la luz del cielo.
Y los conductores extraviarán a sus pueblos,
y destruidos serán los conducidos.
Pues cada uno es hipócrita y malvado,
y cada uno habla desatinos.
La maldad arderá como el fuego:
devorará las espinas y las zarzas.

Prenderá en la maleza de los bosques,
y ascenderá como elévanse los humos.
Por la ira de la Ley
será la tierra oscurecida,
pues tal para sí forjará el hombre.
Y el pueblo será combustible para el fuego;
nadie perdonará a su hermano.
Desdicha para quienes la Sagrada Ley
no guardaron.
Desdicha a la corona del orgullo.
Desdicha para quienes ansían
las cosas de este mundo.
Y se corrompen con maldades,
que yerran la visión, y tropiezan en el juicio:
que son gente rebelde, gente mentirosa,
y que no escucharán la Ley del Señor
que dice a los videntes: no veáis;
y a los Profetas: no profeticéis las cosas rectas,
mas habladnos de cosas suaves,
predecid engaños.
Desdicha a quienes discutan lo injusto,
y dolosamente escriben cuanto han prescrito.
Desdicha a quien las cosas unen,
y el campo al campo anexan,
hasta que no haya un sitio
en que el hombre solo estar pueda
en medio de la tierra.
Desdicha a quienes levántanse temprano,
y no comulgan con los Angeles,
mas siguen las bebidas fuertes,
hasta la noche continúan,
hasta que los humos del vino les inflamen.
Desdicha a quienes mal al bien
y bien al mal proclaman,
las tinieblas ponen por la luz,
y la luz por las tinieblas;
desdicha a quienes

de su juicio desvían al necesitado,
y arrebatan el derecho a los pobres,
que hacen presas de las viudas,
y roban a los huérfanos.
Por tanto ocurrirá
que la mano del Señor cortará la rama
con el juicio de la Ley,
y los altos de estatura serán hendidos
y los arrogantes humillados.
Aullad, pues cercano está el día del Señor:
cual destrucción del Altísimo vendrá.
Y serán débiles las manos,
y se fundirán los corazones,
y serán presa del temor;
y tomaránles angustias y tristezas;
tendrán dolores como parto de mujeres;
se asombrarán los unos de los otros
cual llamas serán sus rostros.
Mirad, que viene el día del Señor,
cruel con rabia y fiera ira,
a desolar la tierra:
y destruirá a los pecadores sobre ella.
Ocurrirá en ese día,
que castigará el Señor al séquito de los eminentes,
y a los reyes de la tierra en la tierra.
Y serán reunidos,
cual prisioneros reunidos en el foso,
y encerrados serán en la prisión.
Y el Señor se adelantará desde su sitio,
y bajará,
y hollará los altos lugares de la tierra.
Y bajo él serán fundidas las montañas,
y partirán de los valles, cual la cera ante el fuego,
o las aguas de escarpado sitio precipítanse.
Entonces se desvanecerá la luna,
y el sol será oscurecido,
y las estrellas del cielo, las constelaciones,

nos darán su luz;
el sol será en su ruta oscurecido,
y la luna su luz no hará brillar;
y el Señor conmoverá los cielos,
y arrancará la tierra de su sitio
en el día de la ira de la Ley,
en el día de la cólera furiosa del Señor.
Y las brillantes ciudades serán destruidas,
y yacerán ahí las bestias salvajes del desierto;
se marchitará el heno, faltará la hierba
y nada verde existirá en la tierra.
En ese día las sólidas ciudades
serán cual rama deshechada,
y una tempestad de granizo
barrerá el refugio de mentiras,
y las procelosas aguas
desbordarán el escondite del malvado.
Y habrá sobre las altas montañas,
y sobre las altas colinas,
ríos y torrentes de agua.
En el día de la gran matanza,
cuando caigan los bastiones.
En ese día la luz de la luna
será como la luz del sol,
y la luz del sol será septuplicada.
Mirad, el nombre de la Ley de lejos viene
ardiendo en cólera llameante,
y la carga es pesada:
de indignación están llenos los labios del Señor,
y su lengua es fuego devorador.
Mostrará la fuerza de su brazo,
con llama de fuego que consume,
dispersión, tempestades y granizo.
La tierra será vaciada y estropeada por completo,
pues los hombres se alejaron de la Ley.
La ciudad de vergüenza está destruida:
las casas cerradas, para que nadie entre.

Llantos hay y lamentos en las calles:
la alegría oscurecida,
el gozo de la tierra ido.
Y ocurrirá
que quien del ruido por temor escape
caerá en el foso;
y quien del fondo del foso emerja
en el lazo será cogido:
pues abiertas están las ventanas de lo alto,
y se estremecerán los cimientos de la tierra.
Destruida está la tierra por completo,
disuelta está la tierra por completo,
en exceso está la tierra conmovida.
Será la luna confundida,
y el sol será avergonzado,
y como un ebrio se tambaleará la tierra,
y caerá, y no se levantará de nuevo.
Y la hueste del cielo será disuelta,
y arrollaránse los cielos como un rollo:
y caerán sus huestes todas,
como cae la hoja de la viña,
o despréndese la hoja de la viña,
o despréndese la hoja de la higuera.
Faltarán las aguas en el mar,
se agorarán y secarán los ríos.
Los torrentes de agua se convertirán en cieno,
y en azufre, el polvo tornaráse,
y la tierra se convertirá en pez ardiente.
Y el humo no se extinguirá ni de día ni de noche,
y nadie lo atravesará.
El corvejón y el alcaraván
poseerán la tierra;
las lechuzas y el cuervo la habitarán también.
Y se extenderá sobre ella
la línea de vergüenza, las piedras del vacío.
Llamarán a los nobles hacia el reino,
mas nadie estará ahí,

y los príncipes no serán nada.
En lo palacios crecerán espinas,
ortigas y zarzas en las fortalezas;
y será habitáculo de dragones
y la corte de los búhos.
Los embajadores de la paz llorarán amargamente,
y estarán desolados los caminos.
Consumida será la gloria de los bosques,
y los fructíferos campos;
sí, los árboles serán tan pocos,
que un niño podrá contarlos.
Mirad, vendrá el día,
que todo cuanto está en la tierra,
y almacenaran nuestros padres,
habrá de convertirse en humo,
pues habéis olvidado a vuestro Padre Celestial
y a vuestra Madre Terrenal,
y habéis quebrantado la Ley.
Oh, que desgarrarás los cielos,
que Tú descendieras,
que pudieran las montañas
hundirse en Tu presencia.
Cuando tu mano mostrara la fuerza de tu Ley.
En furia descendiste:
en tu presencia hundiéronse los montes,
y ardieron los fundentes fuegos.
Mirad, estás airado, hemos pecado.
Somos cual perturbador mar, que no descansa,
que cieno y barro expulsa en sus aguas.
En la vanidad confiamos, mentiras hablamos;
nuestros pies al mal se precipitan,
en nuestro sendero hay derroche y destrucción.
Tanteamos las paredes como ciegos,
tropezamos en el día y en la noche,
estamos en sitios desolados como muertos.
Mas ahora, Oh Padre Celestial, eres nuestro padre;
el barro somos y Tú el alfarero,

y tu pueblo todos somos.
Selvas son las ciudades santas,
consumidos están los bosques,
Desolación es la tierra entera.
Nuestra casa santa y bella
do nuestros padres te alabaron,
está consumida por el fuego.
Aún la antigua ciencia de nuestro Padre Enoch
hollada está en el polvo y las cenizas.
Y contemplé la tierra, y oh,
era informe y vacía.
Y los cielos no tenían luz.
Contemplé las montañas, y oh, temblaron,
y ligeramente se movieron las colinas.
Contemplé, y oh, no había nadie,
y escaparon los pájaros del cielo.
Contemplé, y oh,
selvas eran los fructíferos lugares,
y destrozadas estaban las ciudades
en presencia del Señor, y su airado enojo.
Pues tal dijo el Señor,
desolada será la tierra entera;
mas no haré un final completo.
Mirad, la mano de la Ley no es tan corta
que salvar no pueda;
ni es tan débil el oído de la Ley,
que oir no pueda;
del desierto extraeré semilla,
y la semilla será plantada
en el Huerto de la Hermandad,
y florecerá.
Y los Hijos de la Luz cubrirán la estéril tierra
con alta hierba y árboles frutales.
Y construirán en los antiguos sitios desolados:
Repararán las ciudades destrozadas,
desolación de muchas generaciones.
Llamados serán reparadores de la brecha,

restauradores de senderos para albergue.
Serán corona de gloria en las sienes del Señor,
y diadema real en las manos de la Ley.
Las selvas y lugares solitarios
se alegrarán por ellos,
se regocijarán por ellos,
se regocijará el desierto y florecerá cual rosa.
Florecerá en abundancia,
y se regocijará con alegría y canto.
Abriránse los ojos de los ciegos,
se aclararán los oídos de los sordos.
Entonces saltarán los cojos como liebres,
y cantará la lengua de los mudos;
de la selva brotarán las aguas,
y fluyentes arroyos del desierto.
Y un estanque será el resquebrajado suelo,
y un manantial de agua la sedienta tierra.
Y habrá un camino y una ruta,
y llamado será la Ruta de la Ley;
no lo hollará el impuro,
mas será para los Hijos de la Luz,
y cruzar el Río Eterno hasta el oculto sitio
donde está el Arbol de la Vida.
Y a la tierra volverán los hijos de los hombres,
y entrarán al Huerto Infinito
con cantos y alegría sempiterna en sus sienes;
obtendrán alegría y contento,
y se alejarán tristezas y suspiros.
Y ocurrirá en los días finales,
que la montaña de la casa del Señor
será establecida en la cima de los montes,
y exaltada será en las colinas;
y los hijos de los hombres de la tierra
correrán a ella.
Y muchas personas irán, y dirán:
venid, subamos a la montaña del Señor,
el tabernáculo de la Sagrada Ley.

Y habrán de enseñarnos los Angeles Sagrados,
los caminos del Padre Celestial
y de la Madre Terrenal
y transitaremos el sendero de los justos:
pues del Huerto de la Hermandad
saldrá la Ley,
y la palabra del Señor de los Hijos de la Luz.
Y el Señor juzgará entre las naciones,
y muchos serán censurados:
modelarán sus espadas como arados,
y podadoras serán sus lanzas.
Nación alguna contra otra alzará la espada,
ni aprenderá jamás la guerra.
Oid las voces de los Hermanos
que claman en el desierto:
¡Preparad el camino de la Ley!
¡Enderezad el camino en el desierto para Dios!
Todo valle será exaltado,
y las montañas y colinas disminuidas;
y lo retorcido será enderezado,
y alisados los sitios escarpados.
Y será oída la voz del Padre Celestial:
Yo, y sólo yo, soy la Ley;
Y no hay otra a mi lado.
Sí, antes de que el día fuera, soy él,
y nadie hay que pueda librarse de mi mano.
Escuchadme, Oh Hijos de la Luz:
Yo soy El, yo soy el primero y también el último;
mi mano ha establecido la fundación de la tierra
y mi mano derecha ha expandido los cielos.
Escuchadme, Oh Hijos de la Luz:
Vosotros que conocéis la justicia,
Hijos míos en cuyos corazones está mi ley;
saldréis con alegría, confortados por la paz;
las montañas y colinas
ante vosotros prorrumpirán en cantos,
y batirán palmas los árboles del campo.

Levantaos, brillad, Oh Hijos de la Luz,
pues mi Ley descendió sobre vosotros,
y haréis la Gloria de la Ley
elevarse sobre una nueva tierra.

LIBRO IV

PREFACIO

Fue en 1928 que Edmond Bordeaux Székely
publicó por primera vez su traducción del Libro Uno
del "Evangelio Esenio de la Paz", un antiguo manuscrito que había encontrado en los Archivos Secretos
del Vaticano como resultado de una paciencia ilimi-
tada, una perfecta erudición, y una certera intui-
ción[1]. La versión inglesa apareció en 1937, y desde
entonces, el pequeño volumen ha viajado por todo el
mundo, apareciendo en diferentes idiomas, y ganan-
do todos los años más y más lectores, hasta ahora, sin
ninguna publicidad comercial, más de un millón de
copias han sido vendidas en los Estados Unidos. No
fue sino hasta casi cincuenta años después de la
primera traducción francesa que aparecieron los
Libros Dos y Tres, que también se han convertido en
clásicos de la literatura esenia.

El Libro Cuatro, "Las Enseñanzas de los Elegidos", llegará como una sorpresa para los lectores que
están enterados de la muerte del Dr. Székely en 1979.
Si fuera una filóloga, o erudita, o arqueóloga, podría
proporcionar alguna explicación. Pero únicamente

1.— La historia es contada en el libro del Dr. Székely *El descu-
brimiento del Evangelio Esenio de la Paz.*

soy su fiel "famulus amanuensis", y las instrucciones que dejó fueron claras y explícitas: "Dos años después de mi muerte, publicarás el Libro Cuatro del "Evangelio Esenio de la Paz." Eso fue todo, y estoy cumpliendo con sus deseos.

El Libro Cuatro "Las Enseñanzas de los Elegidos", representa todavía un fragmento del manuscrito completo que existe en Arameo en los Archivos Secretos del Vaticano y en antiguo eslavo, en la Biblioteca de los Habsburgo (actualmente propiedad del gobierno austríaco). En cuanto a la razón del retraso en su publicación, sólo puedo suponer que el Dr. Székely quería que la enérgica verdad de estas verdades inmortales surgiera sola, no obscurecida ni aun por la presencia del traductor. Sí dijo en su Prefacio a la primera edición en Londres del Libro Uno en 1937 que "hemos publicado esta parte antes que el resto, porque es la parte de la que la doliente humanidad tiene más necesidad hoy". Quizás de la misma manera, el perturbado mundo de cuarenta y cuatro años después necesita este Libro Cuatro.

Nuevamente las palabras del Dr. Székely: "No tenemos nada que agregar a este texto. Habla por sí mismo. El lector que estudie las páginas que siguen con concentración, sentirá lo eterno de la validez y poderosa evidencia de estas profundas verdades que la humanidad necesita hoy más urgentemente que nunca."

"Y LA VERDAD SERÁ SU PROPIO TESTIGO"

Norma Nielssen Bordeaux
Orosí, Costa Rica, 1981

LAS COMUNIONES ESENIAS

Y sucedió que Jesús reunió a los Hijos de la Luz a la orilla del río, para revelarles lo que había estado oculto; pues había pasado el lapso de siete años, y cada uno estaba maduro para la verdad, como la flor se abre del capullo cuando los ángeles del sol y del agua le llevan a su florecimiento.

Y todos eran diferentes los unos de los otros, pues algunos eran mayores, y algunos lucían aún el rocío de la juventud en sus mejillas, y algunos habían sido formados en las tradiciones de sus padres, y otros no sabían quienes habían sido ni su padre ni su madre. Mas todos compartían la claridad en la mirada y la flexibilidad del cuerpo, pues tales eran los signos de que durante siete años habían caminado con los Angeles de la Madre Terrenal y obedecido sus leyes. Y durante siete años los desconocidos Angeles del Padre Celestial les habían enseñado durante las horas de sueño. Y ahora había llegado el día en que entrarían en la Hermandad de los Elegidos y aprenderían las enseñanzas ocultas de los Mayores, aun las de Enoch y más antiguas. Y Jesús condujo a los Hijos de la Luz hasta un antiguo árbol a la orilla del río, y ahí se arrodilló en el sitio en que las raíces, retorcidas y blanqueadas por los años, se extendían sobre la orilla. Y los hijos de la Luz se arrodillaron también, y tocaron reverentes el tronco del antiguo árbol, pues se les había enseñado que los árboles eran los Hermanos de los Hijos de los Hombres. Pues su madre es la misma, la Madre Terrenal, cuya sangre fluye en la savia del árbol y en el cuerpo del Hijo del Hombre. Y su padre es el mismo, el Padre Celestial, cuyas leyes están escritas en las ramas del árbol, y cuyas leyes están grabadas en la frente del Hijo del Hombre.

Y Jesús extendió sus manos hacia el árbol y dijo: "Mirad el Arbol de la Vida, que se yergue en medio del Eterno Mar. No miréis con los ojos del cuerpo, sino ved con los ojos del espíritu el Arbol de la Vida en la fuente de fluyentes arroyos; en una primavera viva en un terreno de sequía. Ved el eterno huerto de maravillas, y en su centro al Arbol de la Vida, misterio de misterios, con sus eternas ramas de plantío eterno, para hundir sus raíces en el torrente de la vida desde una fuente eterna. Ved con los ojos del espíritu a los ángeles del día y a los ángeles de la noche que protegen los frutos con las llamas de la Luz eterna que arde en todas direcciones.

"Ved, Oh Hijos de la Luz, las ramas del Arbol de la Vida elevarse hacia el reino del Padre Celestial. Y ved las raíces del Arbol de la Vida descender hasta el seno de la Madre Terrenal. Y el Hijo del Hombre es levantado hasta una altura eterna y camina por las maravillas de los llanos; pues sólo el Hijo del Hombre lleva en su cuerpo las raíces del Arbol de la Vida; las mismas raíces que se amamantan del seno de la Madre Terrenal; y sólo el Hijo del Hombre lleva en su espíritu las ramas del Arbol de la Vida; las mismas ramas que se elevan hacia el cielo, y aun hasta el reino del Padre Celestial."

"Y durante siete años habéis laborado durante el día con los Angeles de la Madre Terrenal; y durante siete años habéis dormido en los brazos del Padre Celestial. Y grande será vuestra recompensa, pues se os dará el don de lenguas, para que extraigáis el pleno poder de vuestra Madre Terrenal, y tengáis imperio sobre sus ángeles y dominio sobre su reino, y para que extraigáis la gloria cegadora de vuestro Padre Celestial, para que ordenéis a sus ángeles y entréis en la vida perdurable en los reinos celestiales."

"Y durante siete años estas palabras no os fueron dadas, pues quien utiliza el don de lenguas para buscar riquezas, o tener poder sobre sus enemigos, ya no será más un Hijo de la Luz, sino un cachorro del diablo y una criatura de las tinieblas. Pues únicamente el agua pura refleja como un espejo la luz del sol; mas el agua saturada de inmundicias y suciedades no podrá nada reflejar. Y cuando el cuerpo y el espíritu del Hijo del Hombre han caminado con los ángeles de la Madre Terrenal y del Padre Celestial durante siete años, entonces es como un río que fluye bajo el sol de mediodía, espejeando deslumbradoras luces de brillantes joyas."

"Oídme, Hijos de la Luz, pues os impartiré el don de lenguas, para que al hablar con vuestra Madre Terrenal por la mañana, y con vuestro Padre Celestial por la noche, podáis acercaros más y más a la unidad con los reinos de la tierra y del cielo, la unidad a la que el Hijo del Hombre está destinado desde el comienzo de los tiempos."

"Os haré conocidas profundas y misteriosas cosas. Pues ciertamente os digo, todas las cosas existen por Dios y nadie hay en su lado. Dirigid vuestros corazones, por tanto, para que transitéis los senderos que conducen a Su presencia."

"Cuando abráis los ojos por la mañana, aun antes de que vuestro cuerpo sea llamado por el Angel del Sol, decíos estas palabras, y que encuentren eco en vuestro espíritu, pues las palabras son cual hojas muertas, cuando no está en ellas la vida del espíritu. Decid, entonces, estas palabras: 'Entro en el eterno e infinito huerto de misterio, mi espíritu en unidad con el Padre Celestial, mi cuerpo en unidad con la Madre Terrenal, mi corazón en armonía con mis Hermanos, los Hijos de los Hombres, dedicando, mi espíritu, mi cuerpo, y mi corazón a la sagrada, pura y salvadora Enseñanza, aún la Enseñanza que de antiguo fue conocida para Enoch'."

"Y después de que estas palabras hayan entrado en vuestro espíritu, en la primera mañana, después del Sabat, decid estas palabras: "La Madre Terrenal y yo somos uno. Su aliento es mi aliento, su sangre es mi sangre; sus huesos, su carne, sus entrañas, sus ojos y oídos, son mis huesos, mi carne, mis entrañas, mis ojos y oídos. Nunca la abandonaré y ella siempre nutrirá y sostendrá mi cuerpo." Y sentiréis el poder de la Madre Terrenal que fluye por vuestro cuerpo como el río cuando desborda de lluvias y corre poderoso y rugiente."

"Y en la segunda mañana después del Sabat, decid estas palabras: 'Angel de la Tierra, haz fructífera mi semilla, y con tu poder da vida a mi cuerpo'. Así como vuestra semilla da nueva vida, así corre la semilla del Angel de la Tierra: en la hierba, en el suelo, en las cosas vivas que crecen en el suelo. Sabed, Oh Hijos de la Luz, que el mismo Angel de la Tierra que convierte vuestra semilla en niños, convierte la bellota diminuta en este roble poderoso, y hace crecer la semilla del trigo para el pan del Hijo del Hombre. Y la semilla de vuestro cuerpo no necesita entrar al cuerpo de la mujer para crear vida; pues el poder del Angel de la Tierra es de sobresaliente grandeza, y el Angel de la Tierra puede crear la vida del espíritu dentro, así como la vida del cuerpo por fuera."

"Y en la tercera mañana después del Sabat, decid estas palabras: 'Angel de la Vida, entra con fuerza en las extremidades de mi cuerpo.'

114

Y con estas palabras abrazad el Arbol de la Vida, así como abrazo este hermoso roble, y sentiréis el poder del Angel de la Vida fluir a vuestros brazos y a vuestras piernas, y a todas las partes de vuestro cuerpo, cual la savia fluye por el árbol en la primavera, aun como sale del tronco, así el Angel de la Vida inundará vuestro cuerpo con el poder de la Madre Terrenal."

"Y en la cuarta mañana después del Sabat, decid estas palabras: 'Angel de la Alegría, desciende sobre la tierra, derramando belleza y deleite sobre todos los Hijos de la Madre Terrenal y del Padre Celestial.' E iréis a los campos de flores tras la lluvia y daréis gracias a vuestra Madre Terrenal por el dulce aroma de los capullos; pues ciertamente os digo, una flor no tiene otro propósito que el de llevar alegría al corazón del Hijo del Hombre. Y escucharéis con oídos nuevos los cantos de los pájaros, y veréis con ojos nuevos los colores en la aurora y el ocaso; y estos presentes de la Madre Terrenal harán surgir en vosotros la alegría, cual la primavera surge repentina en un sitio infecundo. Y sabréis que nadie viene ante el Padre Celestial a quien el Angel de la Alegría impida el paso; pues la tierra con alegría fue creada, y con alegría la Madre Terrenal y el Padre Celestial procrearon al Hijo del Hombre."

"Y en la quinta mañana después del Sabat, decid estas palabras: 'Angel del Sol, entra en mi cuerpo y permíteme bañarme en el fuego de la vida'. Y sentiréis los rayos del sol naciente entrar al centro de vuestro cuerpo, ahí en el centro, donde se mezclan los ángeles del día y de la noche, y el poder del sol será vuestro y podréis dirigirlo a cualquier parte de vuestro cuerpo, pues los ángeles ahí se albergan."

"Y en la sexta mañana después del Sabat, decid estas palabras: 'Angel del Agua, entra en mi sangre y da el Agua de la Vida a mi cuerpo'. Y sentiréis, como

115

impetuosa corriente de un río, el poder del Angel del Agua entrar a vuestra sangre, y como los pequeños brazos de un arroyo, enviar el poder de la Madre Terrenal por vuestra sangre a toda parte de vuestro cuerpo. Y será para sanaros, pues el poder del Angel del Agua es muy grande, y cuando habléis con él, os enviará su poder dondequiera que lo ordenéis, pues cuando los Angeles de Dios habitan en el Hijo del Hombre, todas las cosas son posibles."

"Y en la séptima mañana después del Sabat, decid estas palabras: 'Angel del Aire, entra con mi aliento y dad el Aire de la Vida a mi cuerpo.' Sabed, Oh Hijos de la Luz, que el Angel del Aire es el mensajero del Padre Celestial, y nadie vendrá ante el rostro del Señor a quien el Angel del Aire impida el paso. Pues no pensamos en el Angel del Aire al respirar, pues respiramos sin pensar, como los hijos de las tinieblas viven su vida sin pensar. Mas cuando el poder de la vida entra en vuestras palabras y en vuestro aliento, por cada vez que invoquéis al Angel del Aire, invocaréis también a los ángeles desconocidos del Padre Celestial, y os acercaréis más y más a los reinos celestiales."

"Y por la noche del Sabat, decid estas palabras: 'El Padre Celestial y yo somos Uno.' Y cerrad los ojos, Hijos de la Luz, y en vuestro sueño entrad a los desconocidos reinos del Padre Celestial. Y os bañaréis en la luz de las estrellas, y el Padre Celestial os tomará de la mano y hará un manantial de conocimiento surgir en vosotros; una fuente de poder, que desborda aguas vivas, un torrente de amor y de universal sabiduría, como el esplendor de la Luz Eterna. Y un día se abrirán los ojos de vuestro espíritu, y conoceréis todas las cosas."

"Y en la primera noche después del Sabat, decid estas palabras: 'Angel de la Vida Eterna, desciende sobre mí y dad la vida eterna a mi espíritu.' Y cerrad

116

los ojos, Hijos de la Luz, y en vuestro sueño contemplad la unidad de la vida por doquier. Pues ciertamente os digo, durante las horas del día nuestros pies no posan sobre el suelo y no tenemos alas para volar. Pero nuestros espíritus no están atados a la tierra, y al llegar la noche superamos nuestros lazos con la tierra e ingresamos en cuanto es eterno. Pues el Hijo del Hombre no es todo cuanto parece, y tan sólo con los ojos del espíritu podremos ver los dorados hilos que nos ligan con la vida toda por doquier."

"Y en la segunda noche después del Sabat, decid estas palabras: 'Angel del Trabajo Creador, desciende sobre la tierra y da abundancia a los Hijos de los Hombres.' Pues este es el más poderoso de los Angeles del Padre Celestial y es la causa del movimiento, y sólo en el movimiento está la vida. Trabajad, Oh Hijos de la Luz, en el Huerto de la Hermandad para crear el reino de los cielos en la tierra. Y al trabajar, el Angel del Trabajo Creador nutrirá y sazonará la semilla de vuestro espíritu, para que podáis ver a Dios."

"Y en la tercera noche después del Sabat, decid estas palabras: 'Paz, paz, paz, Angel de la Paz, estad siempre por doquier.' Buscad al Angel de la Paz en todo cuanto vive, en todo cuanto hagáis, en todo cuanto habléis. Pues la Paz es la llave de todo conocimiento, de todo misterio, de toda vida. Donde no hay paz, ahí Satanás reina. Y los hijos de las tinieblas codician más que todo robar la Paz a los Hijos de la Luz. Id, por tanto, esta noche al dorado torrente de la luz que es el ropaje del Angel de la Paz. Y devolved a la mañana la paz de Dios que sobrepasa el entendimiento de los Hijos de los Hombres."

"Y en la cuarta noche después del Sabat, decid estas palabras: 'Angel del Poder, desciende sobre mí y llena de poder todos mis actos.' Ciertamente os digo, así como no habría vida en la tierra sin el sol, así no habría vida del espíritu sin el Angel del Poder. Cuanto penséis y cuanto sintáis, son como escrituras muertas, tan sólo palabras escritas sobre una página, o el discurso muerto de los muertos. Mas los Hijos de la Luz no solamente pensarán, no solamente sentirán, sino que actuarán, y sus actos colmarán sus pensamientos y sus sentimientos, como el áureo fruto del verano da sentido a las verdes hojas de la primavera."

"Y en la quinta noche después del Sabat, decid estas palabras: 'Angel del Amor desciende sobre mí y llena de amor mis sentimientos.' Pues por amor que el Padre Celestial y la Madre Terrenal y los Hijos de los Hombres se hacen Uno. El amor es eterno. El amor es más fuerte que la muerte. Y cada noche deberán los Hijos de la Luz bañarse en el agua sagrada del Angel del Amor, para que por la mañana podáis bautizar a los Hijos de los Hombres con actos bondadosos y palabras apacibles. Pues cuando el corazón de los Hijos de la Luz bañado está de amor, tan sólo palabras bondadosas y apacibles se dirán."

"Y en la sexta noche después del Sabat, decid estas palabras: 'Angel de Sabiduría, desciende sobre mí y llena de sabiduría mis pensamientos'. Sabed, Oh Hijos de la Luz, que nuestros pensamientos son tan poderosos como la centella que perfora la tormenta y en pedazos hiende el árbol poderoso. Fue por ésto que esperasteis siete años para aprender a hablar con los ángeles, pues no conocéis el poder de nuestros pensamientos. Usad, entonces, sabiduría en todo cuanto penséis, digáis o hagáis. Pues ciertamente os digo, cuanto se haga sin sabiduría es como un corcel sin jinete, de boca espumosa y ojos salvajes, que galopa locamente hacia el abismo. Mas cuando el Angel de la Sabiduría gobierna vuestros actos, el sendero hacia los desconocidos reinos es establecido, y el orden y la armonía gobiernan nuestras vidas."

5 "Y estas son las comuniones con los Angeles que son dadas a los Hijos de la luz, que cuerpos purificados por la Madre Terrenal y espíritus purificados por el Padre Celestial, puedan ordenar y servir a los Angeles, continuamente, de período en período, en el circuito de los días, y en el orden prefijado; con la llegada de la luz desde su fuente y el retorno de la noche y la partida de la luz, la partida de las tinieblas y la llegada del día, continuamente en las generaciones todas de los tiempos."

"La verdad nace del manantial de la Luz, la falsedad del pozo de las tinieblas. El dominio de los hijos de la verdad está en las manos del Angel de la Luz para que caminen por los caminos en la Luz."

"Bendiciones a los Hijos de la Luz que han unido su suerte con la Ley, y caminan con la verdad por los caminos. Que la Ley os bendiga con todo bien y os guarde del mal, e ilumine vuestros corazones con comprensión profunda de las cosas de la vida y os agracie con el conocimiento de las cosas eternas."

Y la luna creciente de paz se elevó sobre la montaña y los destellos de su luz brillaron sobre las sagradas aguas del río. Y los Hijos de los Hombres, como uno solo, arrodilláronse reverentes y agradecidos por las palabras de Jesús, y por enseñarles las antiguas costumbres de sus padres, como de antiguo le fuera enseñada a Enoch.

Y Jesús dijo: "La Ley plantada fue para recompensar a los Hijos de la Luz con verdad y abundante paz, larga vida, fructífera semilla de bendiciones perdurables, alegría eterna en la inmortalidad de la Eterna Luz."

"Con la llegada del día abrazo a mi Madre, con la llegada de la noche me uno a mi Padre, y con la partida de la noche y la mañana respiraré la Ley, y no interrumpiré estas Comuniones hasta el fin de los tiempos."

EL DON DE LA VIDA

EN LA HUMILDE HIERBA

Fue en el mes de Thebet, cuando la tierra estaba cubierta por los retoños de las hierbas tras las lluvias, y el manto de verde esmeralda era tierno y suave como el terso plumaje de un polluelo. Y fue en una soleada y brillante mañana que Jesús reunió a los nuevos Hermanos Elegidos a su alrededor, para que oyeran con el oído y comprendieran con sus corazones las enseñanzas de su padres, como de antiguo le fueran enseñadas a Enoch.

Y Jesús sentóse bajo un nudoso y antiguo árbol, sosteniendo en sus manos un pote de arcilla; y en el pote crecía un herbaje tierno de trigo, la más perfecta de las hierbas portadoras de semillas. Y las tiernas hierbas en el pote estaban radiantes de vida, como las hierbas y plantas que cubrían las colinas hasta los campos distantes y lejanos. Y Jesús acarició las hierbas del pote con sus manos, tan dulcemente como lo haría con la cabeza de un niñito.

Y Jesús dijo: "Felices vosotros, Oh Hijos de la Luz, pues habéis entrado al inmortal camino y transitáis por el sendero de la verdad, como vuestros padres lo hicieron antiguamente, y quienes fueron enseñados por los Grandes. Con los ojos y oídos del espíritu mirad las vistas y los sonidos de la Madre Terrenal: el cielo azul donde habita el Angel del Aire, el río espumoso en el que fluye el Angel del Agua, la áurea luz que mana del Angel del Sol. Y ciertamente os digo, todos están en vuestro interior así como por fuera; pues vuestro aliento, vuestra sangre, el fuego de la vida en vosotros, son todos Uno con la Madre Terrenal." .

"Pero de todos, el presente más precioso de vuestra Madre Terrenal es la hierba bajo vuestros pies, aun la hierba que holláis sin pensar. Humilde y manso es el Angel de la Tierra, pues no tiene alas para volar, ni áureos rayos de luz para horadar la niebla. Mas grande es su vigor y vasto su dominio, pues cubre la tierra con su poder, y sin él ya no serían los Hijos de los Hombres, pues nadie puede vivir sin las hierbas, los árboles y las plantas de la Madre Terrenal. Y estos son los presentes del Angel de la Tierra para los Hijos de los Hombres."

"Mas ahora os hablaré de cosas misteriosas, pues ciertamente os digo, la humilde hierba es más que alimento para los hombres y las bestias. Esconde su gloria bajo un mísero aspecto, como se dijo de un rey que visitaba las aldeas de sus súbditos disfrazado de mendigo, sabiendo que a un tal le contarían muchas cosas, pero caerían postrados de terror ante su rey. Así esconde la humilde hierba su gloria bajo su manto humilde de verde, y los Hijos de los Hombres caminan sobre ella, cuando la surcan con el arado, alimentan con ella a las bestias, mas no saben qué secretos se ocultan en ella, hasta los secretos de la vida perdurable en los reinos celestiales."

"Mas los Hijos de la Luz sabrán lo que yace oculto en la hierba, pues les es dado llevar consuelo a los Hijos de los Hombres. Así somos enseñados por la Madre Terrenal con este puñado de trigo en un sencillo pote, igual al que usáis para beber la leche y recoger la miel de las abejas. Ahora el pote está lleno de tierra negra y rica con hojas marchitas y la humedad del rocío matinal, ese más precioso presente del Angel de la Tierra."

"Y humedecí un puñado de trigo, para que el Angel del Agua entrara en él. El Angel del Aire también le ha abrazado, y el Angel del Sol, y el poder de los tres Angeles despertó también al Angel de la Vida en el trigo, y en cada grano han nacido el retoño y la raíz."

"Luego puse el trigo despertado en el suelo con el Angel de la Tierra, y el poder de la Madre Terrenal y de sus ángeles entró al trigo, y cuando el sol hubo descendido cuatro veces los granos se convirtieron en hierba. Ciertamente os digo, no hay milagro mayor que éste."

Y los Hermanos miraron reverentes las tiernas hojas de la hierba en las manos de Jesús, y alguno preguntó: "¿Maestro, cuál es el secreto de la hierba que tienes en tus manos? ¿Por qué es diferente de la hierba que cubre las colinas y montañas?"

Y Jesús contestó: "No es diferente, Oh Hijo de la Luz. Toda hierba, todo árbol, toda planta, en toda parte del mundo, son parte del reino de la Madre Terrenal. Mas he separado en este pote una porción pequeña del reino de vuestra Madre, para que podáis tocarlo con las manos del espíritu, y que su poder pueda entrar en vuestro cuerpo."

"Pues ciertamente os digo, hay un Sagrado Torrente de Vida que procreó a la Madre Terrenal y a sus Angeles. Invisible es este Torrente de Vida a los ojos de los Hijos de los Hombres, pues caminan en las tinieblas y no ven ni a los Angeles del día ni de la noche que los circundan y que sobre ellos flotan. Mas los Hijos de la Luz han caminado durante siete años con los ángeles del día y de la noche, y ahora, les son dados los secretos de la comunión con los ángeles. Y los ojos de vuestro espíritu serán abiertos, y veréis y oiréis y tocaréis el Torrente de Vida que procreó a la Madre Terrenal. Y entraréis en el Sagrado Torrente de la Vida, y os llevará con infinita ternura a la vida perdurable de vuestro Padre Celestial."

"¿Cómo lo haremos, Maestro?", preguntó alguno con asombro. "¿Qué secretos debemos conocer para ver, oír y tocar este Sagrado Torrente de la Vida?"

Y Jesús no contestó. Rodeó con sus manos las crecientes hojas de hierba, dulcemente, como si fuera la frente de un niño. Y cerró los ojos y a su alrededor hubo ondas de luz, rielando en el sol, como el calor del verano hace temblar la luz bajo un cielo sin nubes. Y arrodilláronse los Hermanos e inclinaron sus cabezas reverentes ante el poder de los ángeles que brotaba de la figura sedente de Jesús, y aún permaneció en silencio, con las manos entrelazadas como en oración alrededor de las hojas de la hierba.

Y nadie supo si había pasado una hora o un año, pues el tiempo se detuvo y era como si la creación contuviera el aliento. Y Jesús abrió los ojos, y un aroma de capullos llenó el aire cuando habló Jesús: "Aquí está el secreto, Oh Hijos de la Luz; aquí en la humilde hierba. Aquí está el sitio de reunión de la Madre Terrenal y del Padre Celestial; aquí está el Torrente de la Vida que procreó toda la Creación. Ciertamente os digo, sólo al Hijo del Hombre le es dado oír y tocar el Torrente de la Vida que fluye entre los reinos terrenales y celestiales. Colocad vuestras manos alrededor de la tierna hierba del Angel de la Tierra, y veréis y oiréis y tocaréis el poder de los ángeles."

Y uno a uno, los Hermanos sentáronse reverentes ante el poder de los ángeles, sosteniendo en sus manos la tierna hierba. Y cada uno sintió el Torrente de la Vida entrar en su cuerpo con la fuerza de un torrente impetuoso tras una tormenta de primavera. Y el poder de los ángeles fluyó por sus manos, ascendió por sus brazos, y conmovióles poderosamente, como el viento del norte sacude las ramas de los árboles. Y todos se maravillaron del poder de la humilde hierba, que podía contener a todos los ángeles y los reinos de la Madre Terrenal y del Padre Celestial. Y se sentaron ante Jesús, y fueron enseñados por él.

Y Jesús dijo: "Mirad, Oh Hijos de la Luz, la hierba miserable. Ved dónde están contenidos los Angeles de la Madre Terrenal y del Padre Celestial. Pues ahora habéis entrado en el Torrente de la Vida, y sus corrientes os llevarán con el tiempo a la vida perdurable en el reino de nuestro Padre Celestial".

"Pues en la hierba están todos los ángeles. Aquí está el Angel del Sol en el brillante color verde de las hojas del trigo. Pues nadie puede mirar el sol cuando está en lo alto de los cielos, pues los ojos del Hijo del Hombre son cegados por su radiante luz. Y es por ésto que el Angel del Sol verdece a todo cuanto da vida, para que el hombre pueda mirar los múltiples matices de verde y encontrar fortaleza y consuelo en ellos. Ciertamente os digo, cuanto es verde y con vida tiene el poder del Angel del Sol en su interior, aun las hojas tiernas del trigo."

"E igualmente el Angel del Agua bendice la hierba; hay más del Angel del Agua en la hierba que cualesquiera otros ángeles de la Madre Terrenal. Pues si trituráis las hierbas en vuestras manos, sentiréis el Agua de la Vida, que es la sangre de la Madre Terrenal. Y cuantas veces toquéis la hierba y entréis en el Torrente de la Vida, dad al suelo unas gotas de agua, para que la hierba sea renovada por el poder del Angel del Agua."

"Sabed, también, que el Angel del Aire está en la hierba, pues cuanto es vivo y verde es hogar del

Angel del Aire. Acercad vuestro rostro a la hierba, respirad profundamente, y permitid al Angel del Aire entrar profundamente en vuestro cuerpo. Pues habita en la hierba, como el roble en la bellota, como el pez en el mar."

"El Angel de la Tierra es quien procrea la hierba, como el niño en el vientre vive del alimento de su madre, así la tierra da de sí misma al grano de trigo haciéndolo retoñar para abrazar al Angel del Aire. Ciertamente os digo, cada grano de trigo que se lanza hacia el cielo es una victoria sobre la muerte, donde reina Satanás. Pues la vida comienza siempre de nuevo."

"Es el Angel de la Vida quien fluye por las hojas de la hierba hasta el cuerpo del Hijo de la Luz, estremeciéndolo con su poder. Pues la hierba es Vida, el Hijo de la Luz es Vida, y la Vida fluye entre el Hijo de la Luz y las hojas de la hierba, tendiendo un puente para el Sagrado Torrente que dio origen a toda la Creación."

"Y cuando el Hijo de la Luz sostiene entre sus manos las hojas de la hierba, es el Angel de la Alegría que llena su cuerpo de música. Entrar al Torrente de la Vida es ser uno con el canto de las aves, los colores de las flores silvestres, el aroma de las gavillas, recién cosechadas del campo. Ciertamente os digo, cuando el Hijo del Hombre no siente alegría en su corazón, trabaja para Satanás y da esperanza a los hijos de las tinieblas. No hay tristeza en el reino de la Luz, sino tan sólo el Angel de la Alegría. Aprended, entonces, de las tiernas hojas de la hierba el canto del Angel de la Alegría, para que los Hijos de la Luz caminen siempre con él y puedan dar consuelo a los Hijos de los Hombres."

"Es la Madre Terrenal que provee a nuestros cuerpos, pues de ella nacimos, y en ella tenemos nuestra vida. Así nos provee de alimento en las hojas mismas de la hierba que tocamos con las manos. Pues ciertamente os digo, no es tan sólo como pan que nos alimenta el trigo. Podemos comer también las hojas tiernas de la hierba, para que el vigor de la Madre Terrenal entre en nosotros. Mas masticad bien la hierba, pues el Hijo del Hombre tiene dientes diferentes de las bestias, y solamente cuando masticamos bien las hojas de la hierba puede el Angel del Agua entrar en nuestra sangre y darnos fortaleza. Comed, entonces, Hijos de la Luz, de esta, la más perfecta hierba de la mesa de nuestra Madre Terrenal, para que vuestros días sean muchos en la tierra, pues tal encuentra favor a los ojos de Dios."

"Ciertamente os digo, el Angel del Poder entra en vosotros cuando tocais el Torrente de la vida en las hojas de la hierba. Pues el Angel del Poder es cual luz brillante que circunda todo cuanto vive, como la luna llena está rodeada por anillos fulgurantes, y la bruma se eleva de los campos cuando el sol asciende al cielo. Y el Angel del Poder entra en el Hijo de la Luz cuando su corazón es puro y su deseo tan sólo consolar y enseñar a los Hijos de los Hombres. Tocad, pues, las hojas de la hierba, y sentid el Angel del Poder entrar en las puntas de los dedos, ascender fluyendo en vuestro cuerpo, y estremeceos hasta que tembléis de asombro y temor reverentes."

"Sabed, también, que el Angel del Amor está presente en las hojas de la hierba, pues el amor está en el dar, y grande es el amor dado a los Hijos de la Luz por las hojas tiernas de la hierba. Pues ciertamente os digo, el Torrente de la Vida corre por todo cuanto vive, y cuanto vive, báñase en el Torrente de la Vida. Y cuando el Hijo de la Luz toca con amor las hojas de la hierba, también las hojas de la hierba reciprocan su amor, y le conducen al Torrente de la Vida donde habrá de encontrar vida perdurable. Y este amor nunca se agota, pues su fuente está en el

Torrente de la Vida que fluye hacia el Mar Eterno, y no importa cuánto el Hijo del Hombre se extravíe de su Madre Terrenal y de su Padre Celestial, el contacto de las hojas de la hierba traerá siempre un mensaje del Angel del Amor; y sus pies se bañarán de nuevo en el Sagrado Torrente de la Vida."

"Oh, es el Angel de la Sabiduría que gobierna el movimiento de los planetas, el giro de las estaciones, y el ordenado crecimiento de todo cuanto vive. Así el Angel de la Sabiduría ordena la comunión de los Hijos de la Luz con el Torrente de la Vida, por las hojas de la hierba. Pues ciertamente os digo, vuestro cuerpo es santo, porque bañóse en el Torrente de la Vida que es el Eterno Orden."

"Tocad las hojas de la hierba, Hijos de la Luz, y tocad al Angel de la Vida Eterna. Pues si miráis con los ojos del espíritu, ciertamente veréis que la hierba es eterna. Ahora es joven y tierna con el brillo de un recién nacido. Pronto será alta y graciosa, como el joven árbol con sus frutos primeros. Luego amarilla será por la vejez, e inclinará paciente su cabeza, como yace en el campo después de la cosecha. Finalmente, habrá de marchitarse, pues el pequeño pote de arcilla no puede contener el lapso entero de la vida del trigo. Mas no muere, pues las hojas marchitas retornan al Angel de la tierra, y toma la planta entre sus brazos y la hace dormir, y todos los ángeles que en el interior trabajan en las hojas marchitas y oh, son cambiadas y no mueren, sino que de nuevo surgen en distinta forma. Y así los Hijos de la Luz jamás verán la muerte, mas se encontrarán cambiados y elevados a la vida perdurable."

"Y así nunca duerme el Angel del Trabajo, sino que envía las raíces profundas al Angel de la Tierra, para que los retoños de tierno verdor superen la muerte y el reino de Satanás. Pues la vida es movimiento, y el Angel del Trabajo nunca está en reposo, sino que sin cesar labora en la viña del Señor. Cerrad los ojos al tocar la hierba, Hijos de la Luz, mas no durmáis, pues tocar el Torrente de la Vida es tocar el ritmo eterno de los reinos sempiternos, y así, bañarse en el Torrente de la Vida y sentir más y más en vosotros el poder del Angel del Trabajo, que crea en la tierra el reino de los cielos."

"La Paz es el don del Torrente de la Vida a los Hijos de la Luz. Por lo que siempre habréis de saludaros, "La Paz sea contigo." Así con un beso de paz saluda la hierba a vuestro cuerpo. Ciertamente os digo, paz no es la ausencia de guerra, pues rápidamente el apacible río puede convertirse en torrente asolador, y las mismas ondas que adormecen la barca pueden de súbito hacerla pedazos en las rocas. Así la violencia yace a la espera de los Hijos de los Hombres, cuando no guarda la vigilia de la Paz. Tocad las hojas de la hierba y tocad así el Torrente de la Vida. Ahí encontraréis la Paz, la Paz construida con el poder de los Angeles. Así con esa Paz los rayos de la Sagrada Luz expulsarán las tinieblas."

"Cuando los Hijos de la Luz sean uno con el Torrente de la Vida, entonces, el poder de las hojas de la hierba habrá de guiarles al sempiterno reino del Padre Celestial. Y conoceréis más de los misterios de los que no es aún tiempo que escuchéis. Pues hay otros Sagrados Torrentes en los reinos perdurables; ciertamente os digo, hay torrentes de áurea luz entrecruzados allende la cúpula del cielo sin tener final. Y los Hijos de la Luz viajarán por los torrentes para siempre, sin conocer la muerte, guiados por el amor eterno del Padre Celestial. Y ciertamente os digo, todos estos misterios se contienen en la humilde hierba, cuando la toquéis con ternura y abráis el corazón al Angel de la Luz en vuestro interior."

"Reunid, entonces, los granos de trigo y plantadlos en pequeños potes de arcilla; y comulgad todos los días con alegre corazón con los ángeles, para que os guíen al Sagrado Torrente de la Vida, y podáis traer de su eterna fuente consuelo y fortaleza para los Hijos de los Hombres. Pues ciertamente os digo, cuanto aprendáis, cuanto vean vuestros ojos del espíritu, cuanto escuchen los oídos de vuestro espíritu, será tan sólo un canuto hueco en el viento si no enviáis un mensaje de verdad y de luz a los Hijos de los Hombres. Pues por el fruto conocemos el valor del árbol. Y amar es enseñar sin final, sin cesar. Pues así fueron nuestros padres enseñados antiguamente, aun nuestro Padre Enoch. Id, ahora, y que la paz sea con vosotros."

Y Jesús alzó el pequeño pote con las hojas de la tierna hierba, como en una bendición, y caminó hacia las soleadas colinas, a lo largo de la orilla del río, como era la costumbre de todos los Hermanos. Y los demás le siguieron, adhiriéndose cada uno las palabras de Jesús, como fueran joyas preciosas en sus pechos.

LA SEPTUPLE PAZ

"La paz sea con vosotros" dijo el Mayor al saludar a los Hermanos que se habían reunido para la enseñanza.

"La paz sea contigo", contestaron; y caminaron juntos por la orilla del río, pues tal era la costumbre cuando un Mayor enseñaba a los Hermanos, para que pudieran compartir las enseñanzas con los ángeles de la Madre Terrenal: del aire, del sol, del agua, de la tierra, de la vida y de la alegría.

Y el Mayor dijo a los Hermanos: "Quisiera hablaros de la paz, pues de todos los ángeles del Padre Celestial, la paz es lo que más añora el mundo, como el niño fatigado anhela reclinar su cabeza en el seno de su madre. Es la falta de paz lo que perturba los reinos, aunque no estén en guerra. Pues la violencia y la discordia pueden prevalecer en un reino aunque no se oiga el chocar de las espadas. Aunque los ejércitos no marchen el uno contra el otro, aún no hay paz cuando los Hijos de los Hombres no caminen con los ángeles de Dios. Ciertamente os digo, muchos son quienes no conocen la paz; pues están en guerra con su propio cuerpo; están en guerra con sus pensamientos; no tienen paz con sus padres, sus madres, sus hijos; no tienen paz con sus amigos ni vecinos; no conocen la belleza de los Sagrados Rollos; no trabajan durante el día en el reino de su Madre Terrenal ni duermen por la noche en brazos del Padre Celestial. La paz no reina en su interior, pues ansían siempre lo que al final trae miseria y dolor, aun los arreos de riqueza y fama que Satanás usa para tentar a los Hijos de los Hombres; y viven en ignorancia de la Ley, la Sagrada Ley por la que vivimos: el sendero de los ángeles de la Madre Terrenal y del Padre Celestial.

"¿Cómo, entonces, podremos llevar la paz a nuestros hermanos, Maestro?" preguntó alguno al Mayor, "pues quisiéramos que todos los Hijos de los Hombres compartieran las bendiciones del Angel de la Paz."

Y él contestó: "Ciertamente, sólo quien está en paz con los Angeles puede derramar la luz de la paz sobre los demás. Por tanto, primero estad en paz con los ángeles de la Madre Terrenal y del Padre Celestial. Pues los vientos de tormenta conmueven y perturban las aguas del río, y tan sólo la quietud que sigue puede calmarlos de nuevo. Cuida de que cuando tu hermano te pida pan, no vayas a darle piedras. Vive primero en paz con los Angeles, pues entonces vuestra paz será como una fuente que al dar a sí misma se abastece; y cuanto más deis, tanto más os será dado, pues tal es la Ley."

"Tres son las mansiones en el Hijo del Hombre, y ninguna puede venir ante el rostro de Dios sin conocer al Angel de la Paz en cada una de ellas. Estas son su cuerpo, sus pensamientos, y sus sentimientos. Cuando el Angel de la Sabiduría guía sus pensamientos, cuando el Angel del Amor purifica sus sentimientos, y cuando los actos de su cuerpo reflejen amor y sabiduría, entonces el Angel de la Paz le guiará hasta el trono de su Padre Celestial. Y deberá orar incesantemente para que el poder de Satanás, con todas sus enfermedades e impurezas, sea expulsado de las tres mansiones; para que el Poder, la Sabiduría y el Amor puedan reinar en su cuerpo, sus pensamientos y sus sentimientos."

"Primero el Hijo del Hombre buscará la paz con su cuerpo; pues su cuerpo es como un lago en la montaña que refleja el sol cuando está tranquilo y claro; mas cuando lleno está de lodo y de piedras, no refleja nada. Primero debe ser Satanás expulsado del cuerpo, para que los Angeles de Dios entren de nuevo y en él habiten. Ciertamente, ninguna paz reinará en el cuerpo a menos que sea cual un templo de la Sagrada Ley. Por tanto, quien sufre de dolores y atroces plagas pide vuestra ayuda, pedidle renovarse con ayuno y oración. Pedidle invocar al Angel del Sol, al Angel del Agua, y al Angel del Aire, para que entren en vuestro cuerpo y expulsen de sí el poder de Satanás. Mostradle el bautismo interior y el bautismo exterior. Pedidle comer siempre de la mesa de la Madre Terrenal, servida con sus presentes: las frutas de los árboles, las hierbas de los campos, la leche de las bestias buena para beber, y la miel de las abejas. No invocarás el poder de Satanás comiendo la carne de las bestias, pues quien mata, a su hermano da muerte, y quien come de la carne de bestias asesinadas, come del cuerpo de la muerte. Pedidle preparar los alimentos con el fuego de la vida, no con el fuego de la muerte, pues los Angeles vivientes del Dios viviente sólo sirven a los hombres vivientes."

"Y aun cuando no les vea, no les oiga, ni les toque, no obstante, estará a cada momento circundado por el poder de los Angeles de Dios. Aunque sus ojos y oídos estén cerrados por la ignorancia de la Ley y añore los placeres de Satanás, no les verá, ni les oirá, ni les tocará. Mas cuando ayune y ore al Dios viviente para expulsar las enfermedades e impurezas de Satanás, entonces sus ojos y oídos serán abiertos, y encontrará la paz."

"Pues no sufre únicamente quien guarda en sí las enfermedades de Satanás, sino su madre, su padre, su esposa, sus hijos, sus compañeros, todos sufren también, pues ningún hombre es una isla solitaria, y los poderes que de él fluyen, sean de los Angeles o de Satanás, ciertamente estos poderes obran bien o mal en los demás."

"De esta manera, por tanto, orad a vuestro Padre Celestial, cuando el sol esté en lo alto del mediodía: "Padre nuestro que estás en los cielos, manda tu Angel de la Paz a los Hijos de los Hombres, y envía al Angel de la Vida a nuestro cuerpo para que habite en él por siempre."

"Entonces el Hijo del Hombre buscará la paz con sus pensamientos; para que el Angel de la Sabiduría pueda guiarle. Pues ciertamente os digo, no hay poder más grande en el cielo y en la tierra que los pensamientos del Hijo del Hombre. Aunque invisible para los ojos del hombre cada pensamiento posee una fuerza poderosa, aun tal fuerza para estremecer los cielos."

"Pues a ninguna otra criatura en el Reino de la Madre Terrenal le es dado el poder del pensamiento, pues las bestias que se arrastran y las aves que vuelan, no viven por sus propios pensamientos sino de los de la Ley que todo lo gobierna. Sólo a los Hijos de los Hombres les es dado el poder del pensamiento, aun el pensamiento que puede romper los lazos de la muerte. No creáis que porque no puede ser visto, el pensamiento no tiene poder. Ciertamente os digo, el rayo que hiende el roble poderoso o el terremoto que abre grietas en la tierra, son cual juego de niños comparados con el poder del pensamiento. Ciertamente, cada pensamiento de tinieblas, sea de malicia, o furia, o venganza, descargan destrucción como la del fuego que arrasa la leña seca bajo un cielo sin viento. Pero el hombre no ve la carnicería, ni oye los lastimosos gritos de sus víctimas, pues es ciego al mundo del espíritu."

"Mas cuando este poder es guiado por la Sagrada Sabiduría, entonces los pensamientos del Hijo del Hombre le conducen a los reinos celestiales y así es el paraíso construido en la tierra; así es pues que vuestros pensamientos elevan las almas de los hombres, como las frías aguas de un impetuoso torrente reviven el cuerpo en cálido verano."

"Cuando primero la joven ave trata de volar, sus alas no pueden sostenerla, y cae una y otra vez a tierra. Pero lo intenta de nuevo y un día se remonta a lo alto, dejando la tierra y el nido muy lejos tras de sí. Así ocurre con los pensamientos de los Hijos de los Hombres. Cuanto más camina con los Angeles y guarda su Ley, tanto más fuertes pensamientos conviértense en Sabiduría Sagrada. Y ciertamente os digo, que vendrá el día en el que sus pensamientos superarán hasta el reino de la muerte y se remontarán hasta la vida perdurable en los reinos celestiales; pues con sus pensamientos guiados por la Sagrada Sabiduría construyen los Hijos de los Hombres un puente de luz hasta Dios."

"De esta manera, por tanto, orad a vuestro Padre Celestial cuando el sol está en lo alto del mediodía: "Padre nuestro que estás en los cielos, envía a todos los Hijos de los Hombres a tu Angel de la Paz; y envía nuestros pensamientos al Angel del Poder, para que podamos romper los lazos de la muerte."

"Entonces, los Hijos de los Hombres buscarán la paz con sus propios sentimientos; para que su familia se deleite en su amorosa bondad, su padre, su madre, su esposa, sus hijos, y los hijos de sus hijos. Pues el Padre Celestial es cien veces más grande que todos los padres por progenie y por sangre, y la Madre Terrenal es cien veces más grande que todas las madres por el cuerpo, y vuestros verdaderos hermanos son los que hacen la voluntad del Padre Celestial y de la Madre Terrenal, y no vuestros hermanos por la sangre. Así, veréis al Padre Celestial en vuestro

Padre por progenie, y a vuestra Madre Terrenal en vuestra madre por el cuerpo, ¿pues no son ellos también hijos del Padre Celestial y de la Madre Terrenal? Ciertamente os digo, es más fácil amar a quienes acabamos de conocer, que a los de nuestra casa, que han conocido nuestra debilidades, y escuchado nuestras palabras de furia, y nos han visto en nuestra desnudez, pues nos conocen como nos conocemos a nosotros mismos, y nos avergonzamos. Entonces llamaremos al Angel del Amor para que entre en nuestros sentimientos, para que sean purificados. Y todo cuanto antes fue impaciencia y discordia, se convertirá en armonía y paz, como el terreno agrietado absorbe la dulce lluvia y se hace verde, suave y tierno con la nueva vida."

"Pues muchos y penosos son los sufrimientos de los Hijos de los Hombres cuando no adhieren al Angel del Amor. Ciertamente, un hombre sin amor proyecta oscura sombra en quienes encuentra, sobre todo aquellos con quienes vive; sus palabras ásperas y coléricas caen sobre sus hermanos como aire fétido que surge de una laguna estancada. Y sufre más quien las habla, pues las tinieblas que le circundan invitan a Satanás y a sus demonios."

"Mas cuando llama al Angel del Amor, entonces se dispersan las tinieblas, y la luz del sol fluye de él como un torrente, y los colores del arcoiris rodean su cabeza, y dulce lluvia cae de sus dedos, y trae paz y fortaleza a quienes se le acercan."

"De esta manera, por tanto, orad a vuestro Padre Celestial cuando el sol está en lo alto del mediodía: 'Padre nuestro que estás en los cielos, envía a todos los Hijos de los Hombres tu Angel de la Paz; y envía a los de nuestra progenie y de nuestra sangre al Angel del Amor, para que la paz y la armonía habiten en nuestra casa por siempre.'"

"Entonces los Hijos de los Hombres buscarán la

paz con los Hijos de los Hombres, aun con los fariseos y los sacerdotes, aun con los mendigos y los destituidos, que con los reyes y los gobernantes. Pues todos los Hijos de los Hombres, cualquiera que sea su vocación, tengan sus ojos abiertos para ver los reinos celestiales, o caminen aún en tinieblas e ignorancia."

"Pues la justicia de los hombres puede recompensar a quien no lo merece y castigar al inocente, más la Sagrada Ley es la misma para todos, mendigo o rey, pastor o sacerdote."

"Buscad la paz con los Hijos de los Hombres, y haced que se sepa de los Hermanos de la Luz; que hemos vivido de acuerdo con la Sagrada Ley desde los tiempos de Enoch y aún más antiguamente. Pues ni somos ricos ni somos pobres. Compartimos las cosas todas, aun nuestras vestiduras y las herramientas que usamos para labrar el suelo. Y juntos trabajamos en los campos con los ángeles, produciendo los presentes de la Madre Terrenal para comer."

"Pues el más fuerte de los ángeles del Padre Celestial, el Angel del Trabajo, bendice al hombre que mejor trabaja para él, y entonces no conocerá falta ni exceso. Ciertamente hay abundancia para todos en los reinos de la Madre Terrenal y del Padre Celestial cuando cada uno cumple su faena; pues cuando un hombre elude su faena, otro debe realizarla; pues nos son dadas las cosas todas en los reinos del cielo y de la tierra al precio del trabajo."

"Siempre han vivido los Hermanos de la Luz donde regocijan a los ángeles de la Madre Terrenal: cerca de los ríos, cerca de los árboles, cerca de las flores, cerca de la música de las aves; donde el sol y la lluvia al cuerpo abrazan, y que es el templo del espíritu. Ni tenemos relación con los edictos de quienes gobiernan; ni los apoyamos, pues nuestra ley es la Ley del Padre Celestial y de la Madre Terrenal; ni les adversamos, pues nadie gobierna sino por la voluntad de Dios. De otro modo nos esforzamos por vivir de acuerdo con la Sagrada Ley y fortalecer siempre todo cuanto es bueno; entonces el reino de las tinieblas será reemplazado por el reino de la Luz; pues donde hay Luz, ¿cómo pueden las tinieblas perdurar?"

"De esta manera, por tanto, orad a vuestro Padre Celestial cuando el sol está en lo alto del mediodía: 'Padre nuestro que estás en los cielos envía a los Hijos de los Hombres tu Angel de la Paz; y envía a toda la humanidad al Angel del Trabajo, para que con una faena sagrada no debamos pedir ninguna otra bendición.'"

"Entonces, el Hijo del Hombre buscará la paz con el conocimiento de las épocas antes de él; pues ciertamente os digo, en los Sagrados Rollos hay un tesoro cien veces mayor que cualquiera de joyas y de oro en el más rico de los reinos, y más precioso, pues seguramente contienen la sabiduría toda revelada por Dios a los Hijos de la Luz, aun las tradiciones que nos llegaran desde Enoch y antes de él en el infinito sendero hacia el pasado, las enseñanzas de los Grandes. Y ellos son nuestra herencia, así como el hijo hereda las posesiones de su padre cuando se muestra digno de la bendición de su padre. Ciertamente, por estudiar las enseñanzas de la sabiduría eterna llegaremos a conocer a Dios, pues ciertamente os digo, los Grandes vieron el rostro de Dios; así, cuando leemos los Sagrados Rollos tocamos los pies de Dios."

"Y una vez que veamos con ojos de Sabiduría y oigamos con oídos de comprensión las verdades eternas de los Sagrados Rollos, entonces deberemos ir entre los Hijos de los Hombres y enseñarles, pues si envidiosamente ocultamos el sagrado conocimiento, pretendiendo que nos pertenece a nosotros tan sólo, entonces somos como quien encuentra un manantial en lo alto de los montes, y en lugar de dejarlo correr hacia el valle para apagar la sed de hombres y bestias, lo entierra bajo rocas y polvo, robándose por tanto el agua a sí mismo también. Id entre los Hijos de los Hombres y hacedles conocer la Sagrada Ley, para que ellos puedan salvarse y entrar a los reinos celestiales. Mas habladles con palabras que puedan comprender, en parábolas de naturaleza que hablen al corazón, pues el acto debe primero vivir como deseo en el despertado corazón."

"De esta manera, por tanto, orad a vuestro Padre Celestial, cuando el sol está en lo alto del mediodía: 'Padre nuestro que estás en el cielo, envía a los Hijos de los Hombres a tu Angel de la Paz; y envía a nuestro conocimiento a tu Angel de la Sabiduría, para que podamos transitar por el sendero de los Grandes que han visto el rostro de Dios.'"

"Entonces, los Hijos de los Hombres buscarán la paz con el reino de su Madre Terrenal, pues nadie puede vivir largo tiempo ni ser feliz sino quien honra a su Madre Terrenal y guarda sus leyes. Pues vuestro aliento es su aliento; vuestra sangre su sangre; vuestros huesos, sus huesos; vuestra carne su carne; vuestras entrañas, sus entrañas; vuestros ojos y vuestros oídos, sus ojos y sus oídos."

"Ciertamente os digo, sois Uno con la Madre Terrenal; ella está en vosotros y vosotros en ella. De ella nacisteis, en ella vivís, y a ella volveréis de nuevo. Es la sangre de nuestra Madre Terrenal la que cae de las nubes y corre en los ríos; es el aliento de nuestra Madre Terrenal la que susurra en las hojas de los bosques y sopla con viento poderoso desde las montañas; dulce y firme es la carne de nuestra Madre Terrenal en los frutos de los árboles; fuertes y firmes son los huesos de nuestra Madre Terrenal en las rocas gigantes y en las piedras que como centinelas se yerguen desde tiempos remotos; ciertamente, somos Uno con nuestra Madre Terrenal, y quien adhiera a las leyes de su Madre, a él su Madre adherirá también."

"Mas el día llegará en el que el Hijo del Hombre alejará su rostro de su Madre Terrenal, la traicionará, aun negando a su Madre y su primogenitura. Entonces la venderá en esclavitud, y su carne será asolada, su sangre contaminada, y su aliento destrozado; llevará el fuego de la muerte a todas partes de su reino, y su hambre devorará todos sus presentes y en su lugar quedará un desierto tan sólo."

"Todas estas cosas hará por ignorancia de la Ley, y como un hombre que muere lentamente no puede sentir su propio hedor, así el Hijo del Hombre será ciego a la verdad: así se roba, se asalta y se destruye. Pues nació de su Madre Terrenal, y es uno con ella, y cuanto haga a su Madre, lo hará a sí mismo también."

"Hace mucho tiempo, antes del Diluvio, los Grandes transitaban la tierra, y los árboles gigantes, aquellos que no son hoy más que leyendas, eran su hogar y su reino. Vivían durante muchas generaciones, pues comían de la mesa de la Madre Terrenal, y dormían en brazos del Padre Celestial, y no conocieron enfermedades, vejez, ni la muerte. A los Hijos de los Hombres legaron la gloria de sus reinos aun el conocimiento oculto del Arbol de la Vida que se erguía en medio del Eterno Mar. Mas los ojos de los Hijos de los Hombres fueron cegados por visiones de Satanás, y por promesas de poder, aun el poder que por fuerza y por sangre se conquista. Y entonces, el Hijo del Hombre cercenó la áurea hebra que le unía a su Madre Terrenal y a su Padre Celestial; retiróse del Sagrado Torrente de la Vida, en el que su cuerpo, sus pensamientos y sus sentimientos eran Uno con la Ley, y comenzó a usar únicamente sus propios pensamientos, sus propios sentimientos y sus propios actos, haciendo centenares de leyes, donde antes sólo hubo una."

"Y así los Hijos de los Hombres exiliáronse de su hogar, y desde entonces se han amontonado tras sus muros de piedra, sin oír el canto del viento en los elevados árboles del bosque allende sus pueblos."

"Ciertamente os digo, el Libro de la Naturaleza es un Rollo Sagrado y si queréis que se salven los Hijos de los Hombres y encuentren vida perdurable, enseñadles de nuevo a leer en las páginas vivientes de la Madre Terrenal. Pues en todo cuanto hay vida está la Ley escrita. Está escrita en la hierba, en los árboles, en los ríos, las montañas, las aves del cielo y los peces del mar; y sobre todo en el Hijo del Hombre. Sólo cuando regrese al seno de su Madre Terrenal encontrará vida perdurable y el Torrente de la Vida que conduce a su Padre Celestial; solamente así no ocurrirá la tenebrosa visión del futuro."

"De esta manera, por tanto, orad a vuestro Padre Celestial cuando el sol está en lo alto del mediodía: 'Padre nuestro que estás en el cielo, envía a los Hijos de los Hombres tu Angel de la Paz; y envía a tu Angel de la Alegría al reino de la Madre Terrenal, para que nuestros corazones se llenen de cantos y de alegría al abrigarnos en los brazos de nuestra Madre.'

"Finalmente, buscará el Hijo del Hombre la paz con el reino de su Padre Celestial; pues ciertamente el Hijo del Hombre nace de su padre por progenie y de su Madre por el cuerpo, para que pueda encontrar su verdadera herencia, y sepa que es el hijo del Rey."

"El Padre Celestial es La Una Ley, que formó las estrellas, el sol, la luz y las tinieblas, y la Sagrada Ley en nuestras almas. Doquiera está El, y no hay lugar donde no esté. Todo en nuestro entendimiento, todo cuanto no sabemos, todo está gobernado por la Ley. La caída de las hojas, la corriente de los ríos, la música de los insectos por la noche, están regidas por la Ley."

"En el reino de nuestro Padre Celestial hay

muchas mansiones, y muchas son las cosas ocultas que no podéis conocer aún. Ciertamente os digo, el reino de nuestro Padre Celestial es vasto, tan vasto que ningún hombre puede conocer los límites, pues no los hay. No obstante, su reino entero puede encontrarse en la gota de rocío más pequeña en una flor silvestre, o en el aroma de la recién cortada hierba en los campos bajo el sol estival. Ciertamente, no hay palabras para describir el reino del Padre Celestial."

"Gloriosa, en verdad, es la herencia del Hijo del Hombre, pues a él únicamente le es dado entrar al Torrente de La Vida que le conduce al reino de su Padre Celestial. Pero debe primero buscar y encontrar la paz con su cuerpo, con sus pensamientos, y con el reino de la Madre Terrenal. Pues ciertamente os digo, este es el bajel que llevará al Hijo del Hombre por el Torrente de la Vida hasta su Padre Celestial. Debe tener la Séptuple Paz antes de que pueda conocer la paz única que sobrepasa su entendimiento, la paz de su Padre Celestial."

"Y de esta manera, por tanto, orad a vuestro Padre Celestial cuando el sol está en lo alto del mediodía: 'Padre nuestro que estás en el cielo, envía a tu Angel de la Paz a los Hijos de los Hombres; y envía tu reino, Padre Celestial, a tu Angel de la Vida Eterna, para que podamos remontarnos allende las estrellas y vivir para siempre.'"

Y entonces, el Mayor calló, y una gran quietud flotó sobre los Hermanos y nadie quiso hablar. Las sombras postreras de la tarde jugaron en el río, tranquilo y argénteo cual cristal, y en el cielo obscurecido débilmente pudo verse la filigrana de la creciente luna de paz. Y la grandiosa paz del Padre Celestial les envolvió en inmortal amor.

LOS TORRENTES SAGRADOS

Hasta el más recóndito círculo habéis llegado, al misterio de los misterios, el que era antiguo cuando nuestro Padre Enoch era joven y hollaba la tierra. Por doquiera habéis andado en vuestra jornada de tántos años, siguiendo siempre el sendero de la rectitud, viviendo de acuerdo con la Sagrada Ley y los votos sagrados de nuestra Hermandad, y habéis hecho de vuestro cuerpo un templo sagrado en el que habitan los ángeles de Dios. Así habéis laborado muchos años durante el día con los Angeles de la Madre Terrenal; y habéis dormido cada noche en los brazos de vuestro Padre Celestial, enseñados por los ángeles desconocidos. Ahora sabréis de los tres Torrentes Sagrados y del antiguo camino para cruzarlos; así os bañaréis en la luz del cielo y serán conocidas todas las cosas que antes fueran tan sólo soñadas.

Entonces a la hora anterior a la salida del sol, justo antes de que los Angeles de la Madre Terrenal alienten vida en la aún dormida tierra, entrad al Sagrado Torrente de la Vida. Es vuestro Hermano árbol que posee el misterio de este Sagrado Torrente, y es vuestro Hermano Arbol que abrazaréis en vuestro pensamiento, así como en el día le abrazáis en saludo cuando recorréis las orillas del lago. Y seréis uno con el árbol, pues en el principio de los tiempos así todos compartíamos el Sagrado Torrente de la Vida que hizo nacer a toda la Creación. Y al abrazar a vuestro Hermano Arbol, el poder del Sagrado Torrente de Vida llenará todo vuestro cuerpo, y temblaréis ante su fuerza. Luego respirad profundamente del Angel del Aire, y pronunciad la palabra "Vida" al expirar el aliento. Entonces, en verdad os convertiréis en el Arbol de la Vida que hunde sus raíces profundas en el Sagrado Torrente de la Vida que mana desde eterna fuente. Y cuando el Angel del Sol caliente la tierra, y todas las criaturas de la tierra, el agua y el aire regocíjanse en el mismo día, así vuestro cuerpo y vuestro espíritu se regocijarán en el Sagrado Torrente de la Vida que fluye a vosotros a través de vuestro Hermano Arbol.

Y cuando el sol está en lo alto de los cielos, buscaréis entonces el Sagrado Torrente del Sonido. En el calor del mediodía todas las criaturas permanecen quietas y buscan la sombra; los Angeles de la Madre Terrenal permanecen en silencio por un lapso. Es entonces que entrará a vuestros oídos el Sagrado Torrente del Sonido; pues sólo puede ser oído en el silencio. Pensad en los torrentes que nacen en el desierto tras una tormenta repentina, y el rugiente sonido de las aguas al pasar. Ciertamente, esta es la voz de Dios, si supierais conocerla. Pues como está escrito, al principio fue el Sonido y el Sonido estuvo con Dios, y el Sonido fue Dios. Ciertamente os digo, cuando nacemos, entramos al mundo con el sonido de Dios en nuestros oídos, aun el cantar del vasto coro del cielo y el canto sagrado de las estrellas en giros prefijados; es el Sagrado Torrente del Sonido que atraviesa la bóveda estrellada y cruza el infinito reino del Padre Celestial. Está siempre en nuestros oídos; por eso no lo oímos. Escuchadle, pues, en el silencio del mediodía; bañáos en él, y permitid al ritmo de la música de Dios resonar en vuestros oídos hasta que seáis Uno con el Sagrado Torrente del Sonido. Fue el Sonido que formó la tierra y el mundo, e hizo surgir las montañas e hizo a las estrellas sentarse en sus tronos de gloria en lo alto de los cielos.

Y os bañaréis en el Torrente del Sonido, y la música de sus aguas fluirá sobre vosotros; pues en el principio de los tiempos así todos compartimos el Sagrado Torrente del Sonido que hizo nacer a toda la Creación. Y el poderoso rugir del Torrente del Sonido llenará todo nuestro cuerpo, y temblaréis ante su fuerza. Entonces aspirad profundamente del Angel del Aire, y convertíos en el sonido mismo, para que el Sagrado Torrente del Sonido pueda llevaros al infinito reino del Padre Celestial, ahí donde eleva y cae el ritmo del mundo.

Y cuando las tinieblas dulcemente cierren los ojos de los Angeles de la Madre Terrenal, entonces dormiréis también, para que vuestro espíritu pueda unirse a los desconocidos Angeles del Padre Celestial. Y en el momento de dormir, pensaréis en las brillantes y gloriosas estrellas, las blancas, brillantes, lejanas y trascendentes estrellas. Pues vuestros pensamientos antes de dormir son como el arco del diestro arquero, que envía la saeta adonde quiere. Que vuestros pensamientos antes de dormir estén con las estrellas; pues las estrellas son Luz, y el Padre Celestial es Luz, la Luz que es mil veces más brillante que el brillo de un millar de soles. Entrad al Sagrado Torrente de la Luz, para que los grilletes de la muerte os dejen libres para siempre, y libertándoos de los lazos de la tierra, ascender al Sagrado Torrente de la Luz a través del brillo deslumbrador de las estrellas, al infinito Reino del Padre Celestial.

Desplegad vuestras alas de luz, y con el ojo de vuestro pensamiento remontaos hasta las estrellas, hasta lo más recóndito del cielo, donde ignotos soles resplandecen de luz. Pues al principio de los tiempos, la Sagrada Ley dijo, que hay Luz, y hubo Luz. Y seréis Uno con ella, y el Poder del Sagrado Torrente de la Luz llenará todo vuestro cuerpo, y temblaréis ante su fuerza. Pronunciad la palabra "Luz", al inhalar profundamente al Angel del Aire, y os convertiréis en la Luz misma; y el Sagrado Torrente de la Luz os llevará al infinito reino del Padre Celestial, perdiéndoos ahí en el eterno Mar de Luz que hace nacer a toda la Creación. Y seréis Uno con el Sagrado Torrente de la Luz siempre antes de que durmáis en los brazos de vuestro Padre Celestial.

Ciertamente os digo, vuestro cuerpo no fue hecho tan sólo para respirar, y comer, y pensar, sino que fue hecho también para entrar al Sagrado Torrente de la Vida. Y vuestros oídos no fueron hechos tan sólo para oír las palabras de los hombres, el canto de los pájaros, y la música de la lluvia al caer, sino que fueron hechos también para oír el Sagrado Torrente del Sonido. Y vuestros ojos no fueron hechos tan sólo para ver las alboradas y los ocasos, el rizar de las gavillas de grano, y las palabras de los Rollos Sagrados, sino que fueron hechos también para ver el Sagrado Torrente de la Luz. Un día vuestro cuerpo volverá a la Madre Terrenal;con vuestros oídos y vuestros ojos. Pero el Sagrado Torrente de la Vida, el Sagrado Torrente del Sonido, y el Sagrado Torrente de la Luz, estos nunca nacieron y no pueden nunca morir. Entrad a los Torrentes Sagrados de la Vida, del Sonido y de la Luz que os hicieron nacer; para que alcancéis el reino del Padre Celestial y os convirtáis en Uno con El, así como el río desemboca en el distante mar.

Más que ésto no puede ser dicho, pues los Sagrados Torrentes os llevarán al lugar en el que ya no hay palabras, y aun los Rollos Sagrados no pueden registrar los misterios que yacen ahí.

INDICE